商务管理师

岗位技能职业培训手册

王曙光　赵永秀　编著

广东旅游出版社
GUANGDONG TRAVEL & TOURISM PRESS
悦读书·悦旅行·悦享人生
中国·广州

图书在版编目（CIP）数据

商务管理师岗位技能职业培训手册 / 王曙光，赵永秀编著．— 广州：广东旅游出版社，2019.6
 ISBN 978-7-5570-1767-5

Ⅰ．①商… Ⅱ．①王… ②赵… Ⅲ．①商业管理—职业培训—手册 Ⅳ．① F712-62

中国版本图书馆CIP数据核字（2019）第062948号

商务管理师岗位技能职业培训手册
Shangwu Guanlishi Gangwei Jineng Zhiye Peixun Shouce

广东旅游出版社出版发行
（广州市环市东路338号银政大厦西楼12楼 邮编：510180）
印刷：嘉业印刷（天津）有限公司
（地址：天津市静海经济开发区北区银海道48号）
广东旅游出版社图书网
www.tourpress.cn
邮购地址：广州市环市东路338号银政大厦西楼12楼
联系电话：020-87347732 邮编：510180
787毫米×1092毫米 16开 13.75印张 211千字
2019年6月第1版第1次印刷
定价：49.00元

［版权所有 侵权必究］

本书如有错页倒装等质量问题，请直接与印刷厂联系换书。

目 录

第一章　商务管理师岗位认知

第一节　商务管理师岗位描述 / 3
　　一、商务信息收集 / 4
　　二、商务文档管理 / 5
　　三、商务会议 / 5
　　四、商务展销会筹划与参与 / 5
　　五、参与商务谈判 / 5
　　六、商务专题活动安排 / 6
　　七、商旅活动安排 / 6
第二节　商务管理师岗位要求 / 6
　　一、必备知识要求 / 6
　　二、商务交往艺术 / 7
　　三、必备能力要求 / 7
　☆探究·思考 / 8

第二章　商务礼仪

第一节　商务交往礼仪 / 11
　　一、称呼礼仪 / 11
　　二、寒暄礼仪 / 13
　　三、介绍礼仪 / 15
　　四、握手礼仪 / 16
　　五、名片礼仪 / 17
　　六、商务馈赠礼仪 / 20

第二节　商务通信礼仪 / 23
　　一、接打电话的礼仪 / 23
　　二、使用手机的礼仪 / 28
　　三、收发传真的礼仪 / 30
　　四、收发电子邮件的礼仪 / 31
　　五、收发信函的礼仪 / 36

第三节　商务接待礼仪 / 41
　　一、商务迎送接待的原则 / 42
　　二、商务迎送接待的准备 / 43
　　三、商务迎送接待的基本程序 / 44

第四节　商务宴请礼仪 / 47
　　一、宴请的类型 / 48
　　二、宴请的组织 / 48
　　三、自助餐礼仪 / 51
　　四、工作餐礼仪 / 55
　　☆探究·思考 / 59

第三章　商务会议与展览

第一节　商务会议 / 63
　　一、商务会议筹划 / 63
　　二、主持商务会议 / 76
　　三、参加商务会议 / 80

第二节　展销会 / 83
　　一、策划一次成功的展销会 / 83
　　二、展示产品 / 103
　　三、海外展销 / 109
　　☆探究·思考 / 117

第四章　商务谈判

第一节　商务谈判的方法 / 121
　　一、面对面谈判 / 121
　　二、电话谈判 / 123
　　三、函电谈判 / 127
　　四、网上谈判 / 133
第二节　商务谈判的过程 / 137
　　一、谈判的开局阶段 / 137
　　二、谈判的磋商阶段 / 139
　　三、谈判的促成阶段 / 145
第三节　商务谈判策略与技巧 / 149
　　一、商务谈判策略 / 149
　　二、商务谈判的技巧 / 154
　　☆探究·思考 / 171

第五章　商务专题活动

第一节　商务公关专题活动 / 175
　　一、商务公关专题活动的概念 / 175
　　二、商务公关活动的基本要求 / 175
　　三、商务赞助活动 / 178
　　四、新闻发布会 / 182
　　五、开放参观活动 / 187
第二节　商务典礼与仪式 / 190
　　一、典礼与仪式的类别 / 190
　　二、典礼与仪式的一般程序 / 190
　　三、商务庆典 / 192
　　四、签字仪式 / 195

五、剪彩仪式／200

☆探究·思考／204

附录

总自检／205

参考文献／211

第一章
商务管理师岗位认知

本章学习重点：
- 明确商务管理师的岗位职责
- 掌握商务管理师岗位必备的知识及能力要求

主题词： 商务管理师　岗位职责　知识要求　能力要求

第一节　商务管理师岗位描述

商务管理师是指掌握经济、贸易和管理理论,具有商务管理、市场营销能力,在企事业单位、商务机构从事各种商务、市场、营销、管理工作的专业人员。那其职责究竟是什么呢?在阐述之前,我们先来看一看有关商务管理师招聘启事中的岗位说明吧。

实例1

某企业商务管理师岗位描述

1. 岗位职责

(1) 承办各项商务工作,代表公司与购销双方联络。

(2) 负责市场拓展、销售工作并促成公司产品销售,配合销售部完成合同签约前的商务业务支持与协作。

(3) 维护与客户的良好关系以及建立持久联系,不断拓宽现有客户的产品渠道,丰富业务内容。

(4) 整理和更新销售指标文件库、业务工作指导书。

(5) 草拟商务合约和来往信函。

(6) 组织合同签订前的评审工作。

2. 岗位要求

(1) 大专以上学历,年龄在25~40岁,1年以上商务方面工作经验或1年以上销售方面工作经验。

(2) 市场营销、商务秘书专业毕业。

(3) 接受过市场营销、管理学、合同法、经济法、商务文书撰写等方面的培训。

(4) 具备流畅介绍公司情况和产品的能力、良好的客户关系跟进能力、熟练的客户化产品演示能力,了解并满足客户需求。

(5) 具有一定的组织、计划、控制、协调能力。

(6) 具有一定的谈判能力。

（7）具有较强的综合分析能力。

（8）Office 软件运用熟练。

> **实例 2**
>
> 某企业商务管理师岗位说明

1. 岗位描述

（1）产品进、销、存管理。

（2）应收应付账款管理。

（3）配合经理及业务人员进行业务协调（生产、销售等）。

（4）监督订单、合同签订及执行情况，配合部门领导和财务部做好项目管理及考核工作。

（5）管理所有的商务（订单、合同等）文件及相关文档。

2. 任职资格

（1）性别、年龄不限，大专以上学历，电子类专业优先考虑。

（2）两年以上商务工作经验，熟悉 ISO 9000 质量管理体系。

（3）在商务谈判和制定、执行订单、合同方面有一定经验。

（4）良好的协调、沟通和表达能力。

（5）良好的职业操守。

3. 素质要求

具有商务人员坚韧的特性、缜密的思维和应变能力，认真、负责、严谨的工作态度，较强的责任感、敬业精神和团队合作精神；熟练操作计算机；英语水平良好。

通过以上两则商务管理师的岗位说明，相信大家对商务管理师的职责有了一定的了解，下面做进一步阐述。

一、商务信息收集

在现代企业竞争激烈的社会中，商务信息的重要性不容置疑，作为商务管理师，负责商务信息的收集、整理，并提供给上司和相关部门是其主要工作之一。因而，商务管理师必须自觉培养高度的信息收集意识、掌握信息收集、处理及服务的科学标准、程序和方法。

二、商务文档管理

商务管理师还须行使一些文秘工作的职能，如商务文档的管理。商务文档管理的好坏，直接影响商务工作效率的高低，甚至影响公司的形象。作为一名商务管理师，所提供的文档必须规范、完备、及时、保密。

三、商务会议

商务管理师有时需要参加各种商务会议，有时则要筹划各种商务会议。在会议召开的过程中，商务管理师还有许多工作要做，这些工作虽然会很烦琐，但很必要。商务管理师的幕后工作对会议的成功与否至关重要。会议进展得越顺利，商务管理师也就越能从周到的准备工作中赢得大家的赞扬。

四、商务展销会筹划与参与

参加国内外的展销会已经成为营销的一大手段。作为商务管理师，有时需要对公司的展销会进行策划，有时也必须参加展销会，推广公司的产品，同时，随着国际贸易的发展，有时还需要到国外去参展。

五、参与商务谈判

商务谈判是企业进行经济贸易活动的重要手段。由于商务谈判关系到交易的成败、关系到企业的生存与发展，越来越得到企业的重视，因此，商务管理师往往需要对商务谈判工作进行安排，如场地的选择、场地的布置、合同书的撰写、谈判备忘录的记录等，有时也需要作为一名谈判者与对手进行谈判。

六、商务专题活动安排

各种商务专题活动是提高企业知名度、联络与公众的感情、改善公关关系的重要手段。商务专题活动的安排涉及方方面面，如人员的确定、场地的确定和布置、相关讲稿的撰写、工具的准备等，而商务管理师则是这些工作的策划者、执行者。

七、商旅活动安排

商务旅行是企业运作的一项重要内容，它既可能是上司、同事的商务旅行，也可能是商务管理师自己的商务旅行。对公司的商旅活动进行安排，甚至包括一些非常细小事项的跟踪，都可能是商务管理师的工作内容。

第二节　商务管理师岗位要求

商务管理师不同于一般的商务助理，胜任这一岗位的人除了要具备一般文秘人员的技能，如信息收集、文档管理、文书写作、会议管理等外，还要具备丰富的商务管理专业能力。这可从上一节的招聘启事中的岗位要求看出来。

一、必备知识要求

商务管理师必须掌握如下一些知识：

第一，所在企业的产品（或服务）知识。商务工作涉及企业的产品，所以对所在企业的产品特征、市场状况、行业趋势等，都要有较充分的了解。

第二，信息收集、整理方面的知识。

第三,开展市场调查方面的知识,包括问卷设计和调查的各种方式、技巧、细节等。

第四,市场营销方面的知识。

第五,商务谈判方面的知识。

第六,公关方面的知识。

第七,组织、计划、控制方面的知识。

二、商务交往艺术

商务交往是讲规则的,商务管理师一个很重要的素质要求就是交往艺术,也就是商务礼仪。掌握商务礼仪,一是能够提高员工个人素质,二是方便个人的交往应酬,三是有助于维护企业形象。

三、必备能力要求

1. 表达能力

商务管理师在对各项活动进行策划、安排时,要沟通上下、联络左右,其表达能力的高低是至关重要的。表达能力分两种:

商务助理能力要求:
➢ 表达能力
➢ 管理能力
➢ 操作能力
➢ 应变能力

(1)口头表达能力

口头表达能力要求用简洁的语言把要表述的事情讲清楚,主要表现为:口齿流利,语言准确,观点明确、条理清晰,用语妥帖、得体。

(2)文字表达能力

文字表达能力,主要是指运用各种文体,尤其是商务文书的写作能力。判断文字表达能力高低的主要标准是要能写得快、规范,有利于商务活动。

2. 管理能力

商务管理师的管理能力主要体现在协助上司制订各项工作计划、活动计划，为上司安排工作日程的能力；按照上司的意图完成某项工作任务，组织有关职能部门协同作战的能力，甚至是受领导委托或代表领导出面协调矛盾的能力。

3. 操作能力

科学技术的发展和办公自动化的日益普及，对商务管理师的操作能力要求也越来越高。商务管理师应该具备的操作能力主要有：

第一，计算机处理能力。

第二，各类现代通信设备的运用能力。

第三，各类声像设备的运用能力。

第四，网上资源的运用能力。

4. 应变能力

商务管理师的工作涉及面广，接触的人员也多。要把诸多事务做好，把复杂的关系理顺，需要有较强的应变能力。商务管理师的应变能力主要有：

第一，对突发事件的沉着应对能力。

第二，对难堪场面的委婉圆场能力。

第三，对上司的责怪、批评的忍耐及反思能力。

第四，对上司模糊交办事宜的领会能力等。

探究·思考

1. 商务管理师必须掌握哪些知识？
2. 商务管理师必须具备哪些能力？
3. 商务管理师的应变能力主要有哪些？
4. 学了本章后，你对商务管理师的岗位职责是如何认识的？

第二章
商务礼仪

本章学习重点：
- 掌握各项商务交往礼仪的要求、技巧和注意事项
- 掌握各项商务通信礼仪的运用技巧和注意事项
- 掌握商务迎送接待的原则、准备事项、基本程序及操作要点
- 熟悉宴请的类型和组织程序，掌握自助餐和工作餐的宴请礼仪

主题词： 商务交往礼仪　商务通信礼仪　商务接待礼仪　商务宴请礼仪

第一节　商务交往礼仪

商务管理师与客户打交道的机会非常多,交往礼仪的重要性也越来越凸显出来。见面、称呼、介绍、握手、交换名片、馈赠等共同构筑了商务交往礼仪的内容。

一、称呼礼仪

称呼指的是人们在日常交往应酬中,所采用的彼此之间的称谓语。

1. 正确、适当的称呼

正确、适当的称呼不仅反映出社会风尚、自身的教养、对对方的尊重程度,还体现着双方关系达到的程度。务必注意两点:一是要符合常规,二是要入乡随俗。另外,还应对生活中的称呼、工作中的称呼、外交中的称呼,认真区别,对称呼的禁忌细心掌握。生活中的称呼应当亲切、自然、准确、合理。在工作岗位上,人们彼此的称呼是有特殊性的,要求庄重、正式、规范。

(1) 职务性称呼

以交往对象的职务相称,以示身份有别、敬意有加,这是一种最常见的称呼,有三种情况(适用于极其正式的场合):

第一,称职务。

第二,在职务前加上姓氏。

第三,在职务前加上姓名。

(2) 职称性称呼

对于具有职称者,尤其是具有中级、高级职称者,在工作中可直接以其职称相称。称呼职称时可以只称职称、在职称前加上姓氏、在职称前加上姓名(适用于十分正式的场合)。

（3）行业性称呼

在工作中，有时可按行业进行称呼。对于从事某些特定行业的人，可直接称呼对方的职业，如老师、医生、会计、律师等，也可以在职业前加上姓氏、姓名。

> **提醒您**
>
> 在英国、美国、加拿大、澳大利亚、新西兰等讲英语的国家里，姓名一般由两个部分构成，通常名字在前，姓氏在后。对于关系密切的，不论辈分可以直呼其名而不称姓。俄罗斯人的姓名有本名、父名和姓氏三个部分。妇女的姓名婚前使用父姓，婚后用夫姓，本名和父名通常不变。日本人的姓名排列和中国人的一样，不同的是姓名字数较多。日本妇女婚前使用父姓，婚后使用夫姓，本名不变。

（4）性别性称呼

对于从事服务性行业的人，一般约定俗成地按性别的不同分别称呼"小姐""女士"或"先生"，"小姐"是称未婚女性，"女士"是称已婚女性。

（5）姓名性称呼

在工作岗位上称呼姓名，一般限于同事、熟人之间，有三种情况：

第一，直呼其名。

第二，只呼其姓，要在姓前加上"老""大""小"等前缀。

第三，只称其名，不呼其姓，通常限于同性之间，尤其是上司称呼下级、长辈称呼晚辈，在亲友、同学、邻里之间，也可使用这种称呼。

2. 称呼的五个禁忌

商务管理师在使用称呼时，一定要避免下面几种失敬的称呼。

称呼的五个禁忌：
- 错误的称呼
- 使用不通行的称呼
- 使用不当的称呼
- 使用庸俗的称呼
- 称呼外号

（1）错误的称呼

常见的错误称呼无非是误读或是误会。

①误读也就是念错姓名。为了避免这种情况的发生，对于不认识的字，事先要有所准备。如果是临时遇到，就要谦虚请教。

②误会，主要是对被称呼人的年纪、辈分、婚否以及与其他人的关系作出了错误判断。比如，将未婚妇女称为"夫人"，就属于误会。相对年轻的女性，都可以称为"小姐"，这样对方也乐意听。

（2）使用不通行的称呼

有些称呼，具有一定的地域性，比如山东人喜欢称呼"伙计"，但南方人听来"伙计"肯定是"打工仔"。中国人把配偶经常称为"爱人"，在外国人的意识里，"爱人"是"第三者"的意思。

（3）使用不当的称呼

工人可以称呼为"师傅"，道士、和尚、尼姑可以称为"出家人"。但如果用这些来称呼其他人，没准会让对方产生自己被贬低的感觉。

（4）使用庸俗的称呼

有些称呼在正式场合不适合使用。例如，"兄弟""哥们儿"等称呼，虽然听起来亲切，但显得层次不高。

（5）称呼外号

对于关系一般的，不要自作主张给对方起外号，更不能用道听途说的外号去称呼对方，也不能随便拿别人的姓名乱开玩笑。

二、寒暄礼仪

1. 寒暄的定义

寒暄，多为见面时的应酬话；问候，也就是人们相逢之际所打的招呼、所问的安好。在多数情况下，二者应用的情景比较相似，都是作为交谈的"开场白"来使用的。从这个意义上讲，二者的界限常常难以确定。

2. 寒暄的用途

寒暄的主要用途，是在人际交往中打破僵局，缩短人际距离，向交谈对象表示自己的敬意，或是借以向对方表示乐于与对方结交之意。所以说，在与他人见面之时，若能选用适当的寒暄语，往往会为双方进一步的交谈做好铺垫。反之，在本该与对方寒暄几句的时候，反而一言不发，则是极其无礼的。

当被介绍给他人之后，应当跟对方寒暄几句。若只向对方点点头，或是只握一下手，通常会被理解为不想与之深谈，不愿与之结交。

碰上熟人，也应当跟他寒暄一两句。若视若无睹，一言不发，难免显得自己妄自尊大。

3. 寒暄语的特点

在不同时候，适用的寒暄语各有特点。

跟初次见面的人寒暄，最标准的说法是"您好""很高兴能认识您""见到您非常荣幸"等比较文雅的话，也可以说"久仰"或"幸会"。要想随便一些，可以说"早听说过您的大名""×××经常跟我谈起您"，或是"我早就拜读过您的大作""我听过您作的报告"，等等。

跟熟人寒暄，用语则不妨显得亲切、具体一些，可以说"好久没见了""又见面了"，也可以讲"您气色不错""您的发型真棒""您的小孙女好可爱呀""今天的风真大""上班去吗"，等等。

4. 寒暄语的特征

寒暄语不一定具有实质性内容，而且可长可短，需要因人、因时、因地而异，但必须具备简洁、友好与尊重的特征。

寒暄语应当删繁就简，不要过于程式化，像写八股文似的。例如，两人初次见面，一人说"久闻大名，如雷贯耳，今日得见，三生有幸"，另一人则道"岂敢，岂敢"，搞得像演古装戏一样，就大可不必了。

寒暄语应带有友好之意、敬重之心，既不容许敷衍了事般地打哈哈，也不可用来戏弄对方。例如，"来了""瞧您那德性""您又长膘了"，等等，均应禁用。

三、介绍礼仪

双方见面后,宾主就应相互介绍。介绍分为自我介绍、为宾主双方充当介绍人和被第三者介绍给对方三种情况。在无第三者的情况要进行自我介绍,其常用语是"我叫×××,在×××单位工作""恕我冒昧,我是×××单位的×××""您就叫我×××好了",等等。如果一方是二人以上,则由身份最高者出面作自我介绍,然后再将其他人员按一定顺序一一介绍给对方。

1. 如何介绍

为宾主双方充当介绍人,应按一定顺序进行介绍。一般先将主人介绍给客人,先把年轻的介绍给年长的,先把男士介绍给女士,以示对客人、年长者和女士的尊重。

被第三者介绍给对方时,要说"您好""久仰久仰"或"见到您非常高兴"等,并主动握手或点头示意,表示友善,创造良好气氛。

有些国家(如日本)的客人习惯以交换名片来介绍自己的姓名和身份,这样双方见面时,只需将自己的名片恭敬地递给对方即可。

若宾主早已相识,则不必介绍,双方直接行见面礼就可以了。

在双方介绍时,如遇有外宾主动与我方人员拥抱,我方人员可作相应的表示,万不可推却或冷淡处之。

2. 不同场合的介绍

在交际场合结识朋友,可由第三者介绍,也可作自我介绍。为他人介绍,要先了解双方是否有结识的愿望,不要贸然行事。无论自我介绍还是为他人介绍,做法都要自然。例如,正在交谈的人中,有你所熟识的,便可上前打招呼,这位熟人顺便将你介绍给其他人。在这些场合也可主动自我介绍,讲清姓名、身份、单位(国家),对方则会随后自行介绍。为他人介绍时还可说明被介绍者与自己的关系,便于新结识的人相互了解与信任。介绍具体某人时,要有礼貌地以手示意,而不要用手指指点点。

介绍时,除女士和年长者外,一般应起立;但在宴会桌、会谈桌上可不必起立，被介绍者只要微笑点头有所表示即可。

在非正式场合，自我介绍要注意一些细小的礼仪环节。比如，某甲与某乙正在交谈，你想加入，而你们彼此又不认识，你就应该选择甲乙谈话出现停顿的时候再去自我介绍，可以说"对不起，打扰一下，我是×××""很抱歉，可以打扰一下吗？我是×××""你们好，请允许我自己介绍一下……"之类的话。如果你参加一个集体性质的活动迟到了，你又想让大家对你有所了解，你可以说："女士们，先生们，你们好！对不起，我来晚了，我是×××，是×××公司销售部经理，很高兴和大家在此见面。请多关照！"

四、握手礼仪

在比较正式的场合，握手礼是最为重要的礼仪。握手的双方应当由谁先伸出手来"发起"握手，倘若对此一无所知，在与他人握手时，轻率地抢先伸出手去而得不到对方的回应，那种场景一定是令人非常尴尬的。

1. "尊者决定"原则

根据礼仪规范，握手时双方伸手的先后次序，应当在遵守"尊者决定"的原则的前提下，具体情况具体对待。

"尊者决定"原则的含义是，在两人握手时，各自首先应确定握手双方彼此身份的尊卑，然后以此来决定伸手的先后。由位尊者首先伸出手来，即尊者先行。位卑者只能在此后给以响应，决不可贸然抢先伸手，不然就是违反礼仪的举动。

在握手时，之所以要遵守"尊者决定"的原则，既是为了恰到好处地体现对位尊者的尊重，也是为了维护在握手之后的寒暄应酬中位尊者的自尊。因为握手往往意味着进一步交往的开始，如果位尊者不想与位卑者深交，他是大可不必伸手与之相握的。换言之，如果位尊者主动伸手与位卑者相握，则表明前者对后者印象不坏，而且有与之深交之意。

2. 具体涉及情况

具体而言，握手时双方伸手的先后次序大体包括如下几种情况：

第一,年长者与年幼者握手,应由年长者首先伸出手来。

第二,长辈与晚辈握手,应由长辈首先伸出手来。

第三,老师与学生握手,应由老师首先伸出手来。

3. 握手的方法

一定要用右手握手。

握手时间一般以1~3秒为宜。当然,过紧地握手,或是只用手指部分漫不经心地接触对方的手都是不礼貌的。

被介绍之后,最好不要立即主动伸手。年轻者、职务低者被介绍给年长者、职务高者时,应根据年长者、职务高者的反应行事,即当年长者、职务高者用点头致意代替握手时,年轻者、职务低者也应随之点头致意。与年轻女性握手时,一般男士不宜先伸手。

握手时,年轻者对年长者、职务低者对职务高者都应稍稍欠身相握。有时为表示特别尊敬,可用双手迎握。男士与女士握手时,一般只宜轻轻握女士手指部位。男士握手时应脱帽,切忌戴手套握手。

握手时双目应注视对方,微笑致意或问好,多人同时握手时应按顺序进行,切忌交叉握手。

在任何情况下拒绝对方主动要求握手的举动都是无礼的,但手上有水或不干净时,应谢绝握手,同时必须解释并致歉。

五、名片礼仪

名片是重要的交际工具。它直接承载着个人信息,担负着保持联系的重任。要使名片发挥的作用更充分,就必须掌握相关的礼仪。

---- 相 关 知 识 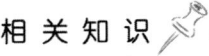 ----------

名片的制作

1. 名片的制作要求

名片的规格、尺寸、色彩一般会有一些标准化要求。

(1) 规格:商务管理师的名片是有规格的,国际的标准规格是6厘米×10厘米,国内商务交往的通用规格是5.5厘米×9厘米,艺术界人士另当别论。

(2) 材料：一般比较专业的是纸质的，而且以再生纸的比较好。

(3) 色彩：一般商务交往中名片宜色彩淡雅，采用单色，不要花色，一般选择浅白色、浅黄色、浅灰色、浅蓝色。

(4) 图案：一般来讲，不要有与主题无关的图案。商务管理师名片上一般可以有企业标志、单位的地址、本企业的标志性建筑或主打产品，不主张印上本人照片。

(5) 字体：用标准的宋体或楷体，中文和外文要两面印刷。

2. 名片的种类

原则上讲，名片分为三种：

第一，企业名片。

第二，私人名片，社交名片只印名字。

第三，商用名片。

名片的基本内容有：

第一，企业标志、单位全称。

第二，本人称呼，如姓名、职务、学术头衔。

第三，联络方式，如地址、手机号、办公电话。

1. 名片的递送

在社交场合，名片是自我介绍的简便方式。交换名片的顺序一般是"先客后主，先低后高"。当与多人交换名片时，应依照职位高低的顺序，或是由近及远，依次进行，切勿跳跃式地进行，以免对方误认为有厚此薄彼之感。递送时应将名片正面面向对方，双手奉上。眼睛应注视对方，面带微笑，并大方地说："这是我的名片，请多多关照。"名片的递送应在介绍之后，在尚未弄清对方身份之前不应急于递送名片，更不要把名片视同传单随便散发。

> **提醒您**
>
> 遇到以下几种情况,不需要把自己的名片递给对方,或与对方交换名片:
>
> 第一,对方是陌生人而且不需要交往。
>
> 第二,不想认识对方或与对方深交。
>
> 第三,对方对自己并无兴趣。
>
> 第四,双方之间地位、身份、年龄差别悬殊。

2. 名片的接受

接受名片时应起身,面带微笑注视对方。接过名片时应说:"谢谢。"随后有一个微笑阅读名片的过程,阅读时可将对方的姓名、职衔念出声来,并抬头看看对方的脸,使对方产生一种受重视的满足感。然后,回敬一张本人的名片,如身上未带名片,应向对方表示歉意。在对方离去之前,或话题尚未结束时,不必急于将对方的名片收存起来。

3. 索要名片

第一,向对方提议交换名片。

第二,主动递上本人名片。

第三,委婉地索要名片。向尊长索取名片,可以说:"今后如何向您请教?"向平辈或晚辈索要名片,可以说:"以后怎样与您联系?"

第四,当他人索取本人名片,而自己又不想给对方时,应用委婉的方法表达此意。可以说:"对不起,我忘了带名片。"或者说:"抱歉,我的名片用完了。"若本人没有名片,又不想明说时,也可以用这种方法表述。

4. 名片的存放

(1)名片的放置

①在参加商务活动时,要随时准备好名片。名片要经过精心的设计,能够艺术地表现自己的身份、品位和公司形象。

②随身所带的名片,最好放在专用的名片包、名片夹里。公文包以及办公桌抽屉里,也应经常备有名片,以便随时取用。

③接过他人的名片看过之后,应将其精心放入自己的名片包、名片

夹或上衣口袋内。

(2) 名片的管理

应及时把所收到的名片加以分类、整理、收藏，以便今后使用方便。不要将它随意夹在书刊、文件中，更不能把它随便地扔在抽屉里。存放名片要讲究方式方法，做到有条不紊。推荐的方法有：

①按姓名拼音字母分类。

②按姓名笔画分类。

③按部门、专业分类。

④按国别、地区分类。

⑤输入商务通、计算机等电子设备中，使用其内置的分类方法。

名片是一个展现自己的小舞台，一定要充分认识和发挥它的功用。另外，在它的设计上最好也多花一点心思。别人对你的名片喜欢多一点、印象深一点，不是求之不得的好事吗？

六、商务馈赠礼仪

礼尚往来在任何时候都不会过时。商务伙伴之间的正当馈赠是礼仪的体现、感情的物化。在礼品的具体选择上，要突出纪念性、象征性、独特性、适应性和时尚性的特点。

礼品选择的特点：
➢ 纪念性
➢ 象征性
➢ 独特性
➢ 适应性
➢ 时尚性

1. 馈赠目的

第一，为了建立人际关系。礼品的选择，一个非常重要的原则就是要使礼品能反映送礼者的寓意和思想感情，并使寓意和思想感情与送礼者的形象有机地结合起来。

第二，为了巩固和维系人际关系，即"人情礼"。人情礼强调礼尚往来，以"来而不往非礼也"为基本准则。因此礼品的种类、价值的大小、档次的高低、包装的式样、蕴涵的情义等方面都呈现多样性和复杂性。

第三，为了酬谢。这类馈赠是为答谢他人的帮助而进行的，因此在礼品的选择上十分强调其物质利益。礼品的贵贱轻重，取决于他人帮助的性质。

2. 选择礼品

第一，投其所好。选择礼品时一定要考虑周全，有的放矢，投其所好。可以通过仔细观察或打听了解受礼者的兴趣爱好，然后有针对性地精心挑选合适的礼品。尽量让受礼者感觉到馈赠者在礼品选择上是花了一番心思的，是真诚的。

第二，考虑具体情况。选择礼物要考虑具体的情况或场合。如厂庆可送花篮，逢节日可送贺卡等。

3. 馈赠时机

馈赠要注意时间，把握好机会。

第一，传统的节日。春节、中秋节、圣诞节等，都是馈赠礼品的黄金时间。

第二，喜庆之日。晋升、获奖、厂庆等日子，应考虑备送礼品以示庆贺。

第三，企业开业庆典。在参加企业开业庆典活动时，可以赠送花篮、牌匾或室内装饰品以示祝贺。

4. 馈赠礼节

要使对方愉快地接受馈赠并不是件容易的事情。即便是精心挑选的礼品，如果不讲究赠礼的艺术和礼仪，也很难达到馈赠的预期效果。

第一，注意包装。精美的包装不仅使礼品的外观更具艺术性和高雅的情调，显示出赠礼人的文化和艺术品位，还可以避免给人俗气的感觉。

第二，注意场合。当众只给一群人中的某一个赠礼是不合适的，给关系密切的人送礼也不宜在公开场合进行。只有象征着精神方面的礼品，如锦旗、牌匾、花篮等才可在众人面前赠送。

第三，注意态度和动作。赠送礼品时，只有态度平和友善、举止落落大方并伴有礼节性的语言，才容易让受礼者接收礼品。

> **提醒您**
> 馈赠礼品不能像做贼一样偷偷摸摸。

第四，注意时机。一般赠礼应选择在相见、道别或相应的仪式上。

第五，处理好有关单据。礼品上写有价钱的标签一定要提前清除干净。但如果礼品是有保修期的"大物件"，如家用电器等，可以在赠送礼品的时候把发票和保修单一起奉上，以便将来受礼人能够享受售后服务。

5. 受礼礼仪

一般情况下，不应当拒绝受礼。如果觉得送礼者别有所图，应向他明示自己拒收的理由，态度可坚决而方式要委婉。

接受礼物时，不管礼品是否符合自己的心意，都应表示对礼物的重视。对贺礼、谢礼以及精美礼物，应当面打开欣赏，并赞美一番。

接受了他人的馈赠，如有可能应予以回礼。

有礼有节的馈赠活动，有利于拉近双方的距离，增加合作的机会。

> **提醒您**
> 无论是在国内还是国外，送礼都有一定的民俗禁忌，选择礼品必须考虑周到。如不送刀、剑或其他带有尖刃的物品，这些有"一刀两断"之意。除情人可互赠手帕之外，对一般亲友也不送手帕，因为手帕是与眼泪联系在一起的，有"送巾断根"之嫌。对礼品的颜色，也应注意避开受礼人忌讳的颜色。给外宾送礼要遵循以下五个原则：不送违犯外宾习俗的礼品、不送过于昂贵和过于廉价的物品、不送印有广告的物品、不送药品与补品、不送使异性产生误会的物品。

6. 回礼

（1）把握好还礼的时间

还礼时间过早，给人以"等价交换"的感觉，还礼时间过晚，又显得遥遥无期。因此还礼要把握好机会，或对方有喜庆活动，或节假日，或登门拜访、回访对方之时，等等。

（2）把握好形式

还礼的形式也很讲究，有时还礼不当不如不还。在所还礼品的选择上，可以用对方赠送的同类礼品作为还礼，也可以用与对方所赠物品价格大致相同的物品作为还礼，还礼的价格没必要非超过赠送的礼品价格不可。回赠的礼品切忌重复，一般是价值相当，也可以根据自己的情况而定，但也不必每礼必回。另外也可以其他的形式向对方还礼，比如，接受礼品后，可以写信或打电话向对方表示感谢，也可以再次见面时表示感谢，或者告诉对方，自己十分喜欢他送的礼品等，都可以起到促进友好交往的作用。

第二节　商务通信礼仪

在日常商务工作中，商务管理师运用最多的通信方式是电话、手机、传真、电子邮件、信函，在运用这些方式与客户联络时，应遵守相应的礼仪规范。

一、接打电话的礼仪

在商务交往中，接打电话实际上是在为通话者所在的单位及本人绘制一幅令人印象深刻的画像。有人说，接打电话是反映企业形象和个人形象的窗口，一点也不过分。

1. 打电话

在打电话时，对一个人的电话形象影响最大的，首推他的语言与声调。从总体上来讲，应当简洁、清晰、有礼。在通话时，声音应当清晰而柔和，吐字应当准确，句子应当简短，语速应当适中，语气应当亲切、和谐、自然。

> **提醒您**
>
> 打电话时，嘴与话筒之间应保持3厘米左右的距离。这样可使对方在接听电话时，能听得最清晰。

打电话时，所使用的语言应当礼貌而谦恭。应三言两语尽快把要说的事情说完，并遵循"通话三分钟"原则。打电话时，开口所讲的第一句话，事关自己给对方留下的第一印象，所以应当慎之又慎，最好是在打电话之前有所考虑和准备。打电话时所用的规范"前言"有两种：

第一种适用于正式的商务交往中，要求用礼貌用语把双方的单位、职衔、姓名一一道来。其标准的模式是："您好！我是××公司××部经理×××，我要找××分公司经理×××先生。"

第二种适用于一般的人际交往，在使用礼貌性问候以后，应同时准确地报出双方完整的姓名。其标准的模式是："您好！我是×××，我找×××。"

如果电话是由总机接转或同事代接的，在对方礼节性问候之后，应当使用"您好""劳驾""请"之类的礼貌用语回应对方，不要粗声粗气、出言不逊，或是随随便便将对方呼来唤去。得知要找的人不在，可请代接电话者帮助叫一下，也可以等一会儿再打。不管怎样，都不要忘了说话要有礼貌。

在通话时，如果电话中途中断，按礼节应由打电话者再拨一次，拨通以后，应该稍加解释，以免对方生疑，以为是打电话者不高兴挂断的。当通话结束时，不要忘了向对方道一声"再见"，或是根据时段说"早安""晚安"。按照惯例，电话应由拨电话者挂断，挂断电话时应双手轻放。

2. 接电话

接电话是商务管理师必不可少的工作，接电话事情看似小，却关系到客户对公司及个人的印象，其中有很多学问，也有其比较规范、符合礼节的程序。

商务管理师在接听电话时，要专心致志、彬彬有礼。

（1）注意态度与表情

通电话是一种"未曾谋面"的交谈，虽说商务管理师接电话时的态度与表情对方是看不到的，但实际上对于这一切，对方是完全可以在通话过程中感受到的。当电话铃声一响，就应立即过去接电话，并且越快越好。

> **提醒您**
>
> 电话铃响不超过三声立即接听，电话旁务必准备好纸和笔。

（2）接电话时态度应当谦恭

在办公室里接电话，尤其有客人在场时，最好是走近电话，双手捧起话筒，以站立的姿势，面带微笑地与对方友好通话；不要坐着不动，一把将电话拽过来，抱在怀里，夹在脖子上通话；不要拉着电话线，走来走去地通话；也不要坐在桌角、趴在沙发上或是把双腿高抬到桌面上，与对方通话。

（3）注意自己的语言和语气

在这方面漫不经心、随随便便、过分放任自己，都是极其有害的。

（4）接电话第一句话的规矩

在正式的商务交往中，接电话时拿起话筒所讲的第一句话也有一定规矩。接电话时，所讲的第一句话通常有三种形式。

第一种是以问候语加上单位、部门的名称以及个人的姓名，这种最为正式。例如，可以说："您好！××公司市场部×××。请讲。"

第二种是以问候语加上单位、部门的名称，或是问候语加上部门名称。这种适用于一般场合。例如，可以说："您好！××公司市场部。请讲。"或者说："您好！市场部。请讲。"后一种形式主要适用于由总机转接的电话。

第三种是以问候语直接加上本人姓名，这种方式仅适用于普通的人际交往。例如，"您好！×××。请讲。"

（5）其他注意事项

在接电话中，不允许以"喂，喂……"或者"你找谁呀"作为

"见面礼"。特别是不允许一张嘴就毫不客气地查问对方,一个劲地问人家"你找谁"、"你是谁"或者"有什么事儿"。

在通话过程中,不要对着话筒打哈欠或吃东西,也不要同时与其他人闲聊,不要让对方由此感到在说话人的心中无足轻重。

结束通话时,应认真地道别,而且要恭候对方先放下电话,不宜"越位"抢先。

遇上有的人打起电话没个完,非得让其"适可而止"时,说话也应当委婉、含蓄,不要让对方难堪。比如,不宜说"你说完了没有?我还有别的事情呢",而应当说"好吧,我不再占用您的宝贵时间了""真不希望就此道别,不过以后真的希望再有机会与您联络"。

> **提醒您**
>
> 商务往来比较多的人,可在本人不在时使用录音电话。不过本人在场时,一般是不适合使用录音电话哄人的。需要用录音装置时,必须使自己预留的录音友好、谦恭。通常,预留的录音可以为:"您好!这里是××公司××部。本部门工作人员现在因公外出,请您在信号声音响过之后留言,或者留下您的姓名与电话号码。我们将尽快与您联络。谢谢。"

3. 代接电话

(1) 代接电话的要求

在为他人代接、代转电话的时候,也要注意以礼相待,尊重隐私,记忆准确,传达及时。具体如下:

① 以礼相待。在接电话时,如果对方所找的人不是自己,可以友好地问:"对不起,他不在,需要我转告什么吗?"

② 尊重隐私。代接电话时,不要询问对方与其所找之人的关系。当

代接电话的要求:
➢ 以礼相待
➢ 尊重隐私
➢ 记忆准确
➢ 传达及时

对方有求于己，希望转达某事给某人时，要守口如瓶，千万不要随便扩散。别人通话时，不要旁听，更不要插嘴。

③记忆准确。代接电话时，对方要求转达的具体内容，要记录得正确无误，免得误事。

④传达及时。代人接电话，首先弄清找谁。如果答应对方代为传话，要尽快落实，不要轻易把自己转达的内容托他人转告，这样不仅容易使内容走样，而且有可能会耽误时间。

（2）指名者不在座位上的情形（同接电话程序）

确认指名者："是资讯部的×××吗？请稍等。"如果使用多功能电话有保留键时，务必保留后再来转接，如果直接转接时请按着话筒。转接给当事者要如此处理：

①当事者来电时："文化公司的李先生来电话。"

②使用内线号码时："×××，是文化公司的李××先生来电。"

（3）当事人外出的情况

接起电话时要说："非常抱歉，×××目前外出，大约下午5时会回来。是否需要留言，或稍候再联络？"若要代为转达，务必将内容复诵一下，并做好记录。做记录时须随声附和并且明确清楚，可以重复："那么我重新说明一次。"确认转达内容的重点，特别是注意姓名、地址、电话号码、地点等。有时需要再次确认："×××吗？""明白了！""那么等×××回来立刻转告他。"

（4）当事人正在通话中（而且可能谈很久）

遇到这种情况，要立即传达："非常抱歉，×××目前正在通话中。可能谈很久，待会儿请他与您联络好吗？"

这里的重点是，务必询问对方的意向。若是对方愿意，自己再联系，自然可以放下电话。但若客人希望回电话，应该接着接听。

同时要做好备忘录："知道了，抱歉，为了慎重起见，麻烦告诉我电话号码。"并重复确认电话号码："您是文化公司的×××先生，电话号码是××××××××××。×××谈完之后我立刻请她与您联络。"

（5）当事人正在通话中（可能马上谈完）

要转达状况（电话中）："非常抱歉，×××目前正在通话中，马上可以谈完，是否可以稍待一会儿呢？"同时要立即传达给当事人：

"××公司的×××先生来电。"

4. 抱怨性质的电话应对

在公司里，厂商或客户会有抱怨诉苦之类的电话打来，特别是新进员工，因为对工作内容不甚了解，不清楚状况，因此在处理上可能比较困难。

第一，注意并且详细将客户的怨言听完，切勿插嘴与解释。

第二，如果是本部门的错误，要诚恳地表示歉意。即使是其他部门所发生的错误，以公司的立场也别忘了表示歉意。

第三，造成对方误解时，说完非常抱歉之后就诚恳地说明事情原委，使对方能够明了。

第四，事情解决时，应说"谢谢，若还有其他事情请务必告知我们"或其他得体的话。

对抱怨的处理是相当复杂的，不了解状况而回答，会造成意想不到的后果，善后处理会变得更复杂困难。处理不了时，尽早转接给上司或同事来处理。

5. 打错电话的处理

公司往来的电话甚多，当然也有打错的电话，处理错误电话的态度也要注意，以免破坏公司形象。

对错误电话的诚恳应对是："这里是×××贸易公司，不知您是否拨打的是×××××××号码？"

二、使用手机的礼仪

商务管理师在日常交往中使用手机时，大体上有如下五个方面的礼仪规范必须遵守。

1. 要置放到位

手机的使用者，当将其位置在适当之处。大凡正式的场合，切不可有意识地将其展示于人。

> 使用手机的礼仪：
> ➤ 要置放到位
> ➤ 要遵守公德
> ➤ 要保证信号畅通
> ➤ 要重视隐私
> ➤ 要注意安全

按照惯例，外出之际随身携带手机的最佳位置，一是公文包里，二是上衣口袋里。

2. 要遵守公德

商务管理师在有必要使用手机时，一定要讲究社会公德，切勿使自己的行为骚扰到其他人士。

在公共场所活动时，商务管理师尽量不要使用手机。当其处于待机状态时，应使之静音或调为振动。需要与他人通话时，应寻找无人之处，而切勿当众自说自话。在公共场所人人都要自觉地保持肃静。显而易见，在公共场所里手机狂响不止，或是在公共场所里大声与他人通话，都是侵犯他人权利、不讲社会公德的表现。在参加宴会、舞会、音乐会，前往法院、图书馆，或是参观展览时，尤其要切记此点。

在工作时，也应注意不使自己的手机妨碍工作或他人。商务管理师在写字间里办公时，尽量不要让手机铃声大作。尤其是在开会、会客、上课、谈判、签约以及出席重要的仪式、活动时，必须自觉地提前将自己的手机调至静音或振动。在必要时，可暂时将其关机，或者委托他人代为保管。这样做，表明自己专心致志，因而也是对有关交往对象的一种尊重和对有关活动的一种重视。

3. 要保证信号畅通

使用手机的主要目的是为了保证自己与外界的联络畅通无阻，商务管理师对于此点不仅必须重视，而且还需为此而采取一切行之有效的措施。

告诉交往对象自己的手机号码时，力求准确无误。如是口头相告，应重复一两次，以便对方进行验证。若自己的手机改动号码，应及时通报给重要的交往对象，免得双方的联系一时中断。必要时，除手机号码外，不妨同时再告诉自己的交往对象其他几种联系方式，有备无患。

未接到他人来电时，事后应当及时与对方联络。没有极其特殊的原因，与对方进行联络的时间不应当在此后超过 5 分钟。拨打他人的手机之后，也应保持耐心，一般应当等候对方 10 分钟左右。在此期间，不宜再同其他人进行联络，以防电话频频占线。不及时回复他人电话，呼叫、拨打他人手机后迅速离去，或是转而接打他人的电话，都会被视作不礼貌的行为。

因故暂时不方便使用手机时，可在语音信箱上留言，说明具体原因，告知来电者自己的其他联系方式。有时，还可采用转移呼叫的方式与外界保持联系。

4. 要重视隐私

通信自由，是受到法律保护的。通信属于个人隐私，使用手机时，对此也应予以重视。

一般而言，手机的号码，不宜随便告之于人。因此，不应当随便打探他人的手机号码，更不应不负责任地将别人的手机号码转告他人，或是对外界广而告之。

出于自我保护和防止他人盗机、盗号等多方面的考虑，通常不宜随意将本人的手机借与他人使用，或是前往不正规的维修点对其进行检修。考虑到相同的原因，随意借用别人的手机也是不适当的。

5. 要注意安全

使用手机时，对于有关的安全事项绝对不可马虎大意。在任何时候，都切不可在使用时有碍自己或他人的安全。

按照常规，在驾驶车辆时，不宜忙里偷闲，同时使用手机通话，否则极有可能导致交通事故。

乘坐飞机时，必须自觉地将本人随身携带的手机关机。因为它们所发出的电子信号，会干扰飞机的导航系统。

在加油站或医院停留期间，也不宜开启手机。否则，就有可能酿成火灾，或影响医疗仪器设备的正常使用。此外，在标有文字或图示禁用手机的地方，均须遵守规定关机。

三、收发传真的礼仪

商务管理师在利用传真机对外通信联络时，必须注意下述两个方面的礼仪：

1. 操作上力求标准而规范

使用传真设备通信，必须在具体的操作上力求标准而规范。发送传真时，必须按规定操作，并以提高清晰度为要旨。与此同时，还要注意使其内容简明扼要，以节省费用。单位所使用的传真设备，应当安排专人负责。无人在场而又有必要时，应使之自动处于接收状态。为了不影响工作，单位的传真机尽量不要同办公电话采用同一线路。

2. 必须依礼使用

商务管理师在使用传真时，必须注意维护个人和所在单位的形象，处处不失礼仪。在发送传真时，一般需要加上问候语与致谢语。发送文件、书信、资料时，更是要谨记这一条。出差在外，有必要使用公众传真设备，即付费使用电信部门设立在营业场所内的传真机时，除了要办好手续、防止泄密之外，对于工作人员亦应以礼相待。

人们在使用传真设备时，最看重的是它的时效性。因此，在收到他人的传真后，应当在第一时间采用适当的方式告知对方。需要办理或转交、转送他人发来的传真时，千万不可拖延时间，耽误对方的要事。

> **提醒您**
>
> 在发传真时，不但要在传真上注明单位名称，最好还留有查询电话，这样更符合商业规范。

四、收发电子邮件的礼仪

电子邮件是利用电子计算机所组成的互联网络，向交往对象所发出的一种电子信件。使用电子邮件进行对外联络，不仅安全保密，节省时间，不受篇幅的限制，清晰度极高，而且还可以大大地降低通信费用。

商务管理师在使用电子邮件对外进行联络时，应当遵守的礼仪规范主要包括以下四个方面。

1. 慎重选择发信对象

确认发信的对象，并将抄送人数降至最低。

传送电子信息之前，要确认收信人邮箱是否正确，以免造成不必要的困扰。若要将信函同时转送相关人员以供参考时，可善用抄送的功能，但要将人数降至最低。

2. 注意撰写信件内容

（1）电子邮件的标题要明确且具描述性

电子邮件一定要注明标题，因为有许多收件人是以标题来决定是否继续详读信件的内容。此外，邮件标题应尽量简洁，明确与内容相关的主旨大意，让人一望即知，以便对方快速了解信的内容。

（2）电子邮件的内容应简明扼要

在线沟通讲求时效，经常上网的人多具有不耐等候的特性，所以电子邮件的内容应力求简明扼要。一般信件所用的起头语、客套语、祝贺词等，在电子邮件中都可以省略。尽量掌握"一个信息、一个主题"的原则。

（3）确认邮件内容的准确

有时候邮寄出去的信件将会永久被存于某处私人档案或转印成文件到处流通。因此，在发出电子邮件前应谨慎地检查所撰写的字句是否准确无误，以免他日授人笑柄。

（4）理清建议或意见

若要表达对某一事情的看法，可先简要地描述事情缘起，再陈述自己的意见；若是想引发行动，则应针对事情可能的发展提出看法与建议。有时因信息太过简短或标题不够清楚，收信对象可能弄不清发信者陈述的到底是建议还是意见，造成不必要的误解。

（5）避免使用太多的标点符号

我们经常会看到一些电子信件中夹杂了许多的标点符号，特别是感叹号，若真要强调事情，应该在遣词造句上特别强调，而不应使用太多不必要的标点符号。

（6）小心幽默的使用

在缺乏声调、脸部表情与肢体语言的电子邮件中，应特别注意幽默被误解。若想展现幽默或特定情绪，发信者必须写明或使用"情绪符号"。无论所开的玩笑是多么明显，最好加注以提醒收信者真正的意思。

（7）切勿讲一些不会在公众场所对他人讲的话

在发信之前问问自己，你会在公众场所中公开、面对面地对他人讲这些话吗？如果答案是否定的，请重新思考到底要不要发出这么一封邮件。千万不可以因为没看到对方的脸，就毫不客气地讲一些未经大脑思考的话语。切勿随意地批评或污蔑他人。

（8）于特定邮件中加上密码

有些特定的邮件内容可能会触犯他人，为避免不必要的纷争，可考虑对这些邮件加密。许多邮件系统均设计有特殊加密和解密的功能，只要询问邮箱网站客服人员即可获知。

3. 养成良好发送习惯

（1）注明发信者及其身份

除非是熟识的人，否则收信人一般无法从邮件地址解读出发信人到底是谁，因此标明发信人的身份是电子邮件沟通的基本礼节。

> 📣 提醒您
>
> "个性签名"应注意：
>
> 第一，个性签名应充分代表发信者自己，无论是引用文学名著中的词句或以图绘表示，都必须真实且充分地反映自己。有些人的个性签名为：＊＊&%^$&（^）@C.Y＞Liang，商务信函中一定要避免此类签名。
>
> 第二，切勿过度装饰自己的个性签名，例如引用名人名言太多或图绘太华丽等，都会妨碍电子邮件的正常沟通作用。

（2）遵守一般法律规定

进行网络沟通时，日常生活中的一些行为准则也应遵守。因通过计算机系统，要撷取、复制或篡改他人作品是相当容易的，因此在网络空间中对于知识产权的尊重是非常重要的。凡是引用或改编他人文字或图绘作品时，要对原作者与原作品的出处详加注明，以示尊重。

（3）勿任意占用网络带宽

传送大容量附件会占用大量的网络带宽，降低网速，为避免浪费时间，应谨慎考虑传送信息容量的大小。

（4）正确使用附件功能

在有的电子邮件系统中，由于附件功能的缺乏或不成熟，会造成使用者无法顺利阅读文件。使用者经常会因不便而直接删去来函。如果附件内容不长，可直接撰写于信件正文中。

（5）不要重复传送同一信息

不要一再传送同一信息给相同的对象，这不仅会使网络超载而降低传输速率，而且会占用他人的信箱容积。此外，传送电子信件时也须注意，不要分别发送相同的信息给多个组群，因为有不少网络使用者同时隶属于几个不同的电子邮件组群，如此一传送，这些使用者势必会重复收到相同的信息。若要传送邮件给多个组群，可一次传送完毕。

（6）定期检查计算机系统的时间与日期

电子邮件传送时会以所用计算机的设定日期与时间来标示发送时间，为避免不必要的误会或窘态发生，使用者应定期检查计算机系统的时间与日期设定是否正确。

4. 回复电子邮件的礼仪与规范

（1）勿期盼他人会立即回复你的信件

发信者通常会期盼所发送出去的邮件，对方能够赶快阅读、处理。不要对他人回复信件的时效性作过分期许。

（2）当他人误发邮件给你时应代为传递或通知原寄送人

当他人误发邮件给你时，尽可能代为传递或通知原寄送人，忽视或删掉他人给自己的电子邮件而不回复，都是不好的行为，因为发信人通常会焦虑地等待回信。如果收信者能从信件内容看出正确的收信者，应迅速转发出去。若无法辨认，也应即刻回复发信人并简单解释传送的错误。

（3）情绪激动时避免立即回复信息

人们习惯于面对面的交流，脸部表情与身体语言都有助于沟通。然而，使用电子邮件沟通却缺乏这些肢体语言，极易造成误解。有很多的字句在日常口语沟通时并不会冒犯他人，但若将其写入邮件传送给不明就里的人，恐怕将引起不可预期的纷争。当来信引发个人情绪激动时，应等心情平静后再看一遍，恢复正常理智时，解读信件内容的方式或许会全然不同。

（4）谨慎处理恶意中伤的邮件

对于恶意中伤或会引起争端的邮件处理要非常谨慎，以避免中计而造成连锁反应的污蔑行为。应付此类邮件最好的方法为忽视它，离开屏幕继续过自己正常而理性的生活。

（5）阅读信件时应设法理清建议与意见

如同撰写邮件时要注意理清建议与意见一般，阅读他人发送的信件也应注意这项原则。详细辨明来信到底只是表达看法、反应需求还是提出方案、促进行动？如此，才能适当地回复来信。

（6）避免非相关主题性的言语

网络具有"八卦"传播与闲聊的特性，切勿让自己无心的言论变成他人嘲弄或攻击的话题。因此，回复他人建议与意见时，必须扣紧主题，并提出相关的实证予以说明，尽量避免与主题无关的言论出现在回复信函的内容中。此外，回复他人信件时，尽量使用"回复"功能，不要另起标题而造成对方的混淆。

（7）将同一主题的所有后续意见阅读完毕后，再回复自己的意见

在回复某一特定信函之前，请先阅读所有已回复该信的内容，也许之前的回复内容已有十个人讲过相同的意见。若真如此，只要轻描淡写地表达即可，不必重复大家已觉厌烦的意见。在网络中，长篇大论往往不会引发他人阅读的兴趣，反而是那些精简有力的言论会吸引人阅读下去。

（8）确认将要回复的对象是谁

在网络中进行公众事务的讨论时，请再三思考回复的对象是谁，是否有必要将自己的意见告知他人。或许，只要回复意见给发信者，并加注说明："如果你觉得有必要将这个意见告知大家，敬请传送无妨！×××"。署名代表着回复者对其言论负责的态度。

（9）切勿在未经同意前，将他人邮件转发给第三方

把他人的来信转发给第三方之前，要先征询来信者的同意，否则犯了网络礼仪的大忌！因为有时候对来信者而言，邮件内容是针对收信者所撰写的私人信函，不见得适合他人阅读。

（10）考虑替代性的沟通方式

回复电子信件前，应思考一下：为何不拿起电话与对方聊聊或约个时间当面谈谈？别忘了，见面三分情，即使是使用电话，情况也会完全不一样的。

五、收发信函的礼仪

在商务往来中，信函作为公文的形式之一，应当依照有关的规则和流程来处理。总的来说，它比较严谨、正式。而在私人往来中，信函则仅仅是人们联络、交往的一种载体。因此，它可以说是随意、自然的，更为亲切，更富有情感。

> 信函的礼仪：
> ➢ 收到信函要及时回复
> ➢ 妥善保存
> ➢ 注意信函的写作要求

在一般情况下，给别人写信，或是为了传递信息，或是为了通报情况，或是为了联络感情，或是为了洽商事宜，或是为了请求帮助等。总之，发出的信函绝非无事生非，而是有事要谈、有事要办。所以，信函发出之后能否及时无误地送达预定对象的手中，是人们最为关心的问题。所以在处理信函方面也要遵守一定的礼仪。

1. 收到信函要及时回复

在发出信函之后，尤其是由于急事而发出信函之后，谁都希望收信人早收到，早回复。对于这一正常心理，既要了解，更要尊重。

有鉴于此，商务管理师在收到他人信函后，应当不分对方是生人还是熟人，是人求于我还是我求于人，是大事还是小事，统统都要立刻采取行动，尽快地回复对方，**免得对方望眼欲穿**。在回复时要注意以下几点：

（1）对应回信函，尽快处理，尽早回复

依照礼仪规范，**商务管理师**对自己收到或经办的信函，应尽快处理，尽早回复。对于来信，原则上应于三天之内回复对方。若自己所收到的信函情况特别，例如挂号信、特快专递，那么必须在收到之后尽快予以回复，以免耽误大事。

（2）回复方式最好"照旧"

收到他人信函后，回复对方的方式最好"照旧"，即以函复函。若因故而改用其他方式，需要向对方道明缘故。为了不让对方担心，可以在收到信函后，立即打电话告诉对方，随后再抽时间回复对方。

（3）因故迟复信函须说明原因

因故迟复他人信函，在回复时，务必在正文之中首先就此向对方道歉，并且实事求是地向对方说明原委，如生病、出差、误投、误送等，以求得到对方的谅解。但是千万不要胡编滥造令人难以信服，甚至产生反感的迟复"理由"。

（4）对无法办到的要求应尽早回复

有时候，收到的信函回复起来可能有些不好处理，例如，对方所提要求过高，或所托之事难办，等等。即使这样，也不可束之高阁，不搭理对方，更不能日后与对方见面时告之以"并未收到"。帮不了别人的忙，也应当尽早回复，既说明了自己的歉意与原因，又可使对方早作他计。

（5）回复时应注明对方信函收发的时间

按照惯例，在回复他人信函时，在正文里不只是要告诉对方，其所发的信函已收到，并且对其发来信函的主要内容"有问有答"，而且还应当明确地告知对方，收到的是其何时所发的信函，而我方又是何时收到它的。这不是"没话找话说"，而是为了防止有的信函"半路走失"。若双方之间信函往来频繁的话，则更应当这么做。例如，可在信函之中告诉对方"您的 10 月 18 日来信，我在 25 日已收到了"，等等。

2. 妥善保存

商务管理师除了应及时回复他人的信函之外，还要对自己收到的信函进行妥善的保存和处理。

（1）未经允许，信函不得随便公开

按照常规，未经允许或批准，公务信函与私人信函均不得进行公开传阅或公开发表。涉及党和国家机密的信函，更是应当严格地加以管理，不宜随意在口头上进行扩散或在书面上予以引用。

(2) 对于没有保存价值的信函,可以定期进行销毁

销毁商务信函时,应根据有关规定,经过鉴别和主管领导人批准,并且进行登记。还要有专人在场监督,保证不丢失,不漏销。在销毁私人信函时,应当销毁得完全、彻底,不留任何"残余"。

(3) 不要随意处理信函

不要将信函随便当作垃圾倒掉,或是当废纸卖掉,也不要随便挪作他用,比如说包裹东西。

3. 信函的写作要求

信函的内容一定要书写清楚,完整无缺才能使之发挥其应有的作用。否则,不但会延误大事,而且也是对信函接收者的不尊重。

在拟写信函的内容时,一定要努力使之完整无缺,既符合信函的规范,又容易为接收者所理解。具体来说,欲使信函内容完整而全面,重点是信函的拟写必须符合格式。书信在内容上是有一定格式的。信函的拟写只有依照格式而行,才能符合礼仪。

书信的格式较为复杂,根据信笺与信封的不同而有所不同。

(1) 笺文

写在信笺上的书信内容,通常称作笺文。笺文一般由抬头、启词、正文、祝词、署名、日期以及附言几个主要部分组成,在格式上,对它们有一定的要求。

笺文的写作格式与要求

序号	组成部分	写作要求
1	抬头	即对于收信人的称呼。它应在信笺首行顶格书写,并且单独成行,以表示对收信人的敬意
2	启词	是在正文之前的开场白。其主要作用是客气寒暄,或是提示写信的原因。它应当在抬头之下另行书写,并且单独成段。采用"你好""您好"等较为简单的启词,可以单独成段,也可以不必单独成段,而使之成为正文的第一句话

续表

序号	组成部分	写作要求
3	正文	是书信的主体,是写信者对收信者所叙述的正事。在一封信中,可以只谈一事,也可兼谈数事。为了使收信者阅读方便,正文可酌情加以分段。其第一段应紧接于启词之下书写,首句要空上两格,转行之后则不再空格。其他各段,皆与此相似
4	祝词	用于笺文结尾,向收信者表示祝愿、钦敬与勉慰的短语。在书写时,对其要求较严。如果祝词内容较多,可使之单独成行,前面空两格书写
5	署名	即写信者的签名。它应在祝词之后另起一行,书写于右下方。若有写信者亲友的附问或写信者对收信者亲友的致意,依例应另起一行书写,或直接写于署名之后
6	日期	指的是写信者写信的具体日期,它一般应当写明×月×日,有时也可具体到年月日日时。日期可写于署名之后,只空一格;也可以另起一行,在署名正下方书写
7	附言	是对正文所作的补充。其特征,是开头以"又""另"引起,或是以"再启""又及"而结束。它的正确位置,应是在署名与日期之后另起一行,空两格书写,不必分段,也不必另用一张信笺

（2）封文

写在信封上的书信内容,叫作封文。国内信函与国际信函,交付邮寄的信函与托人带交的信函,其封文的具体内容是不同的,书写的格式也大不一样。不过,常见的封文一般都少不了收信者姓名、地址、邮政编码和寄信者姓名、地址、邮政编码等六项基本内容。

①在交付邮寄的国内信封上,其排列的先后顺序为:收信者地址的邮政编码、收信者地址、收信者姓名、寄信者地址、寄信者姓名、寄信者地址的邮政编码。

> **提醒您**
>
> 收信者与寄信者的地址、邮政编码必须详尽准确,以便于寄达或退还。不写邮政编码或将寄信者的地址写成"内详",都不合适。

②在交付邮寄的国际信封上,有关收信者的内容,应写在信封正面的中央。而有关寄信者的内容,则应写在信封正面左上方或信封背面的上半部。它们排列的先后顺序,均应为姓名、地址、邮政编码、国名。在书写地址时,也应当自小而大。这种写法,与国内信封的书写顺序正好相反。

③在托人转交的信封上,应于左上角视具体情况写上"专送""呈交""面交""请交"等字样。下一行应写上收信者地址,如托带人知道,可以不写。再下一行,应写明收信者姓名。写信者的姓名,应写于其下。写信者的地址,则往往是不必写的。

相关知识

信函的应用禁忌

在使用信函时,要注意以下事项。

切记不要把公司的信笺用于以下用途:

第一,政治或慈善募款。

第二,给媒体的、谈及有争议观点的信函。

第三,个人赚钱的行为。

第四,与公司无关的诉讼。

第五,纯粹私人信函(例如慰问信或情书)。

如果参与一项他人担任主导角色的计划,在收到或寄送有关这项计划的重要资料时,应该为每个人复印一份。

内容删去一半或用修正液涂改过的信函,千万不可在复印后当作信函寄出。否则,收信人会立即产生怀疑,并引起反感。如果要在信中转达某个消息,务必交代清楚。

不管使用的信笺是有公司头衔还是私人的,只要信的内容是用手写的，就会受到收信者的重视。例如哀悼函、祝贺函、告别信或鼓励函等，这类手写信函往往让人铭记在心。不过，如果你的字写得不好看，甚至不容易阅读，那么最好还是打印。

不要在有公司头衔的信笺的正反两面书写或打字。如果是私人信笺，可以在两面都写字，不过，用的信纸最好不要太薄。如果用透明的信纸来写信，所写的字会透到另一面，若两面都写，就很难阅读了。

如果决定手写，请用黑色、蓝色或深褐色的笔来写，写给小朋友的信，可以用色彩活泼的墨水（例如紫红色、绿色等），但商业信函就不能用这类颜色的笔来写。

如果手边没有第二张印有公司头衔的空白信纸可用，此时可以任何信纸来书写，不过，记着在第二张信纸的上方写上页码"2"。

如果要随信附上报告、报纸剪报、杂志文章和剧本等，最好在写明收件人姓名的信封上另外注明，然后把它夹在随函文件的左上角处，再把它们一起放进足够大的信封里。

确定收信人的姓名和职称没有写错。记住，收信人的姓名一定要写出全名，并且记得冠上"小姐"、"先生"或"职称"等称呼，如果不很确定收信人的职称、公司名称或地址，应先打电话询问。

切记信函要保持干净、清洁。笔误、涂改或拼错字，会使收信人认为你根本不在乎他。尽量避免用修正液涂改文字。

第三节　商务接待礼仪

在商务活动中，虽然不同企业之间有着激烈竞争，但也存在着密切的合作，业务交往十分频繁。从接待礼仪上来说，在商务往来中"来的都是客"，不论对方平时与己方关系如何，都应以礼相待。

一、商务迎送接待的原则

在商务活动中，为了以礼接待商界同仁，必须遵循商务礼仪的惯例和规范。

1. 注意身份对等

身份对等是指接待方作为主人，在接待客户、客商时，要根据对方的身份，同时兼顾对方来访的性质以及双方之间的关系安排接待的规格，以便使来宾得到与其身份相称的礼遇，从而促进双方关系的稳定、融洽与发展。

（1）迎送人员与来宾身份大体相当

根据身份对等的原则，接待方出面迎送来宾的主要人员应与来宾的身份大体相当。接待方与来宾身份对等的人员身体不适或忙于他事，难以脱身或不在本地，因而不能亲自出面迎送来宾时，应委派其副手或与其身份相近的人员出面接待，并在适当的时候向来宾作出令人信服的说明和解释，以表示接待方的诚意。

（2）到场人数基本相等

同样，接待方人员在与来宾进行礼节性会晤或举行正式谈判时，也必须使接待方到场的人数与来宾的人数基本上相等。

（3）宴请与住宿安排要与来宾身份相称

接待方在为来宾安排宴请活动或为其准备食宿时，亦应尽量使之在档次、规格等方面与来宾的身份相称，并符合客人的生活习惯，体现东道主对客人的关心与照顾。在接待外商时，更应注意这一点。

在商务往来中贯彻身份对等的原则，是为了更好地确定宾主双方都能够接受并感到满意的接待标准，也是为了充分地表达东道主对来宾的尊重与敬意。当然，有的企业为强调自己对宾主双方特殊关系的重视和对于来宾的敬重，特意打破常规，提高对来宾的接待规格，也是可行的，但不宜多用。

2. 讲究礼宾秩序

礼宾秩序所要解决的是多边商务活动中的位次和顺序的排列问题。

在正式的商务活动中，礼宾秩序可参考下列四种方法：

（1）按照来宾身份与职务的高低顺序排列

如接待几个来自不同方面的代表团时，确定礼宾秩序的主要依据是各代表团团长职务的高低。

（2）按照来宾的姓氏笔画排列

在国内的商务活动中，如果双方或多方关系是对等的，可按参与者的姓名或所在单位名称的汉字笔画多少排列。其具体排法如下：

首先，按个人姓名或组织名称的第一个字的笔画多少，依次按由少到多的次序排列。比如，当参加者有王姓、李姓、赵姓时，其排列顺序就是王、李、赵。当两者第一个字笔画数相等时，则按第一笔的笔顺点、横、竖、撇、捺、弯勾的先后关系排列。当第一笔笔顺相同时，可依第二笔笔顺，以此类推。当两者的第一个字完全相同时，则用第二个字进行排列，以此类推。

（3）按照外文字母的先后顺序排列

在涉外活动中，一般应将参加者的组织或个人按英文或其他语言的字母顺序进行排列。具体方法如下：先按第一个字母进行排列；当第一个字母相同时，则依第二个字母的先后顺序排列；当第二个字母相同时，则依第三个字母的先后顺序排列，以此类推。但每次只能选相同语种的字母顺序排列。

（4）按其他先后顺序排列

按照有关各方正式通知东道主自己决定参加此项活动的先后顺序，或正式抵达活动地点时间的先后顺序排列。

二、商务迎送接待的准备

从接到来客通知后，接待工作就开始进入准备阶段，这是整个接待工作的重要环节，一般应从以下几个方面来准备：

1. 了解客人基本情况

接到来客通知时，要全面了解以下情况：

第一，客人的单位、姓名、性别、民族、职业、级别、人数等。

第二，掌握客人的意图，了解客人的目的、要求以及住宿、日程安排。

第三，客人到达的日期和时间、所乘车次或航班，然后将上述情况及时向主管人员汇报，并通知有关部门和人员做好接待的各项准备工作。

商务迎送接待的准备：
➢ 了解客人基本情况
➢ 确定迎送接待规格
➢ 布置迎送接待环境
➢ 做好接待客人安排

2. 确定迎送接待规格

按照身份对等的原则安排接待人员。对较重要的客人，应安排身份相当、专业对口的人士出面迎送；也可根据特殊需要或关系程度，安排比客人身份高的人士破格接待。对于一般客人，可由公关部门派遣有礼貌、言谈流利的人员接待。

3. 布置迎送接待环境

良好的环境是对来宾的尊重与礼貌的表示。接待室的环境应该明亮、安静、整洁、幽雅。应配置沙发、茶几、衣架、电话，以备接待客人进行谈话和通信联络之用。室内应适当点缀一些花卉盆景、字画，增加雅致的气氛。还可放置几份报刊和有关本单位或公司的宣传材料，供客人翻阅。

4. 做好接待客人安排

与行政部门联系，按时安排迎客车辆；预先为客人准备好客房及膳食；若对所迎接的客人不熟悉，需准备一块迎客牌，写上"欢迎×××先生（女士）"及本单位的名称；若有需要，还可准备鲜花等。

三、商务迎送接待的基本程序

1. 迎接

在商务往来中，对如约而来的客人特别是贵客或远道而来的客人，表示热情、友好的最佳方法就是指派专人出面，提前到达双方约定的地点，恭候客人的到来。

（1）对来自本地的客人

对来自本地的客人，接待人员一般应提前在本单位的大门口或办公楼下迎候客人。待客人的车辆驶近时，应面带微笑，挥起右臂轻轻地晃动几下，以示"我们在此已经恭候多时了，欢迎您的光临"之意。

若来宾德高望重或是一位长者，则接待方的接待人员应在对方的车子停稳之后，疾步上前，为之拉开车门，同时伸出另一只手挡住车门的上框，以协助对方下车。在来宾下车之后，接待方的迎候人员应依照身份的高低，依次上前与对方人员一一握手，并同时道一声"欢迎光临"或是"欢迎，欢迎"。若双方此刻到场的人员较多，则接待方应有专人出面，按照有关礼仪规范，为双方人员引见、介绍。

> **提醒您**
>
> 接待来宾时介绍的顺序是先介绍主人，后介绍客人。若宾主双方需要介绍的人员较多，则应依照身份的高低顺序，先将接待方人员的姓名、职务一一介绍给来宾，再将来宾一一介绍给接待方人员。

彼此见面后，即由接待方接待人员引导到预定的会客室。

（2）对来自外地或海外的重要客人

对来自外地或海外的重要客人，接待人员应专程提前赶往机场、码头或火车站，迎接客人的到来。

①当客人到达时，应主动上前对客人表示欢迎和问候，并就有关事宜进行简单的介绍。接着，陪同来宾乘坐接待方为之准备的车辆，驶往下榻地点。

②客人抵达住地后，尽可能妥善安排，使客人有宾至如归之感，如向客人提供活动的日程安排表、本地地图和旅游指南，向客人介绍餐厅用膳时间及主要的接待安排，了解客人的健康状况及服务要求等。

③将客人送到客房后，迎接人员不必久留，以便让客人更衣、休息和处理个人事务，离开前应约好下次见面的时间及联系方法等。

2. 陪同

（1）步行时

在商务活动中，接待人员陪同客人时，步行一般应在客人的左侧，以示尊重。

如果是主陪人员陪同客人，则要并排与客人同行。如属随行人员，应走在客人和主陪人员的后边。

负责引导时，应走在客人左前方一两步远的地方，与客人的步速一致；遇到路口或转弯处，应用手示意方向并加以提示。乘电梯时，如有专人服务，应请客人先进；如无专人服务，接待人员应先进去操作，到达时请客人先行。

进房间时，如门朝外开，应请客人先进；如门往里开，陪同人员应先进去，扶住门，然后再请客人进入。

（2）乘车时

乘车时，陪同人员要先打开车门，请客人上车，并以手背贴近车门上框，提醒客人避免磕碰；待客人坐稳后，再关门开车。

按照习惯，乘车时客人和主陪人员应坐在司机后第一排位置上，客人在右，主陪人员在左，随行人员坐在司机身旁。车停后，陪同人员要先下车打开车门，再请客人下车。

如果接待两位贵宾，主人或接待人员应先拉开后排右边的车门，让尊者先上，再迅速地从车的尾部绕到车的另一侧打开左边的车门，让另一位客人从左边上车；只开一侧车门让一人先钻进去的做法是失礼的。当然，如为了让宾客顺路看清本地的一些名胜风景，也可以说明原因后，请客人坐在左侧，但同时应向客人表示歉意。但是，即使是为了让客人欣赏风景，也不要让客人坐在司机旁的位置，尤其是接待我国港澳台地区和外国客人时更应注意这一点，否则，会弄巧成拙、事与愿违。

> **提醒您**
>
> 如果陪客人、外宾参观访问，陪同人员应提前10分钟到达。参观过程中，陪同人员应走在宾客的右前方，并超前两三步，时时注意引导；当进出门户、拐弯或上下楼梯时，应伸手示意；当参观结束后，应将客人送至宾馆，然后再告别。

3. 送别

当客人告辞时，应起身与客人握手道别。

（1）本地客人的送别

对于本地客人，一般应将其送至本单位楼下或大门口，待客人远去后再回单位。如果是乘车离去的客人，一般应走至车前，接待人员帮客人拉开车门，待其上车后轻轻关门，挥手道别，目送车远去后再离开。

（2）外地来的客人的送别

对于外地来的客人，应提前为之预订返程的车、船票或机票。客人离开前，主人应专程前往下榻处话别，或前往机场、码头、车站送行。送别时，应与客人一一握手，祝愿客人旅途平安并欢迎再次光临。将客人送上车、船或飞机后，送行人员应面带微笑，挥手告别，待车、船或飞机离开后，直到看不见对方时，方可返回。

第四节　商务宴请礼仪

宴请是最常见的商务活动形式之一。在新公司开张、庆祝纪念日、表彰庆功、答谢合作者的支持时，公司常常要举办宴请活动，宴请活动并不像一般人认为的那样不过是吃吃饭而已，其实组织宴请是

> 宴请的类型：
> ➢ 宴会
> ➢ 招待会
> ➢ 茶会
> ➢ 工作餐

一项十分繁杂的工作,需要商务管理师熟悉掌握,认真对待。

一、宴请的类型

国际上通用的宴请形式有宴会、招待会、茶会、工作餐等,而至于采取何种形式,一般根据活动的目的、邀请对象以及经费开支等因素来决定。每种类型的宴请均有与之匹配的特定规格及要求。

1. 宴会

宴会是盛情邀请贵宾餐饮的聚会,按其隆重程度、出席规格,可分为国宴、正式宴会和便宴。按举行时间,又有早宴、午宴和晚宴之分,一般来说,晚宴较之早宴和午宴更为隆重、正式。

2. 招待会

招待会是指各种不配备正餐的宴请类型,一般备有食品和酒水,通常不排固定的席位,可以自由活动,常见的有冷餐会和酒会。

3. 茶会

茶会是一种简便的招待形式,一般在16:00左右举行,也有的在10:00左右进行。为贵宾举行的茶会,在入座时,主人要有意识地与主宾坐在一起,其他出席者可相对随意。

4. 工作餐

工作餐是国际交往中常用的非正式宴请形式,主客双方利用共同进餐的时间边吃边谈。工作餐按用餐时间可分为工作早餐、工作午餐和工作晚餐。这种宴请形式既简便又符合用餐卫生习惯。

二、宴请的组织

1. 宴请的目的、名义、对象、范围和形式

(1)宴请目的

宴请的目的是多种多样的,可以是为某一件事(如代表团来访)、庆祝纪念日、展览会开(闭)幕式、工作交流等。

（2）宴请名义和对象

宴请名义和对象的确定主要依据主客的身份。大型宴请一般可以单位名义发邀请，也可以个人名义发邀请。小型宴请可视具体情况以个人或夫妇名义邀请，工作餐可以单位名义邀请。

（3）宴请范围

宴请范围是指邀请哪方面人士出席、请到哪一级别、请多少人、主人一方由谁出面作陪。宴请范围要兼顾宴请性质、主客身份对等、惯例习俗等多方面因素，在此基础上加以确定。

（4）宴会形式

宴会采取何种形式要视具体情况而定。人数少、规格高的以宴会为宜，人数多则以冷餐或酒会更为合适。宴请的形式还要取决于活动目的、邀请对象以及经费情况等因素。

2. 确定宴请时间、地点

（1）宴请时间

宴请应选择对主客方都合适的时间，尤其宴请外商时要注意对方的禁忌，如避开13号和星期五；在伊斯兰的斋月，宴请宜在日落后举行。最好事先征询主宾意见，然后再作决定。

（2）宴请地点

宴请的地点要按活动性质、规模大小、宴请形式、主人意愿及实际情况来择定。

3. 发出邀请

各种宴请一般均发请柬，这既是礼貌，也对被邀请人起到备忘作用。宴请经约妥后也可不发请柬。请柬一般提前1~2周发出，以便被邀请人及早做安排，已口头约妥的通常还要补发请柬。需要安排座次的宴请，往往要求被邀请人答复能否出席。对此可在请柬上注明，也可在请柬发出之后，用电话询问能否出席。正式宴会一般在请柬或请柬信封上（一般在下角）注明席次号。

4. 订菜

宴请的酒菜应根据形式和规格选择安排。选菜不宜以主人的爱好为准，而应主要考虑主宾的喜好和禁忌。如果部分人或个别人有特殊要求，还应给予区别，提供特殊照顾。大型宴请更应照顾到各个方面。菜肴的道数和分量要适宜，内容要体现当地特色。如需要，还应印制精美的菜单，一般一桌放置两三份，也可一人一份。

5．桌次席位安排

正式宴请一般均排桌次和席位，也可只排主桌席位，其他只排桌次或自由入座。无论采取哪种办法，都要事先通知出席人，使其心中有数，现场还要有人引导。安排以主桌位置为准，右高左低。

我国习惯于按职务高低排列席位。夫人及女士出席时，通常将女方排在一起。即以男主人为准，男主宾在男主人右手方，女主宾在女主人右手方。外国习惯男女交叉安排，以女主人为准，男主宾在女主人右手方，女主宾在男主人右手方。两桌以上的宴请，各桌第一主人的位置可以与主桌主人位置相同，也可以反向。只要安排席位，就应提前在座前桌上摆放名签。

> **实例**

罗茜在一家著名跨国公司的上海总部担任总经理秘书，中午要随总经理和市场总监参加一个工作午餐会，主要是研究下一年市场推广工作的计划。这不是一个很正式的会议，主要是利用午餐时间彼此沟通一下。罗茜知道晚上公司要正式宴请国内最大的客户张总裁等一行人，答谢他们一年来给予的支持，她已经提前安排好了酒店和菜单。

午餐是自助餐的形式，与总经理一起吃饭，罗茜可不想失分，在取食物时，她选择了一些都是一口能吃下去的食物，放弃了她平时喜爱的大虾等需要用手帮忙才能吃掉的美食。她知道自己可能随时要记录老板的指示，没有时间去补妆，而总经理又是法国人，十分讲究。

下午回到办公室，罗茜再次落实了晚宴酒店的宴会厅和菜单，为晚上的正式宴请做准备。算了算宾主双方共有8位，罗茜安排了桌卡，因为是熟人，又只有几个客人，所以没有送请柬。可是她还是不放心，于是拿起电话，找到了对方公关部李经理，详细说明了晚宴的地点和时间，又认真地询问了他们老总的饮食习惯。李经理告诉她，他们老总是山西人，不太喜欢海鲜，非常爱吃面食。罗茜听后，又给酒店打电话，重新调整了晚宴的菜单。

罗茜决定提前半个小时到酒店，看看晚宴安排的情况并在现场做点准备工作。到了酒店，罗茜找到餐厅经理，再次讲了重点事项，又和他共同检查了宴会的准备情况。宴会厅分内外两间，外边是会客室，是主人接待客人小坐的地方，已经准备好了鲜花和茶点，里边是宴会的房间，中餐式宴会的圆桌上已经摆放好各种餐具。

罗茜知道对着门口桌子上方的位子是主人位，但为了慎重从事，还是征求了餐厅经理的意见。从带来的桌卡中先挑出写着自己老板名字的桌卡，放在主人位上，再将对方老总的桌卡放在主人位子的右边。想到客户公司的第二把手也很重要，就将他的桌卡放在主人位子的左边。罗茜又将自己的顶头上司市场总监的桌卡放在桌子的下首正位上，再将客户公司的两位业务主管，分放在他的左右两边。为了便于沟通，罗茜就将自己的桌卡与对方公关部李经理的放在了同一方向的位置。

应该说晚宴的一切准备工作就绪了。罗茜看了看时间还差一刻钟，就到酒店的大堂内等候。5分钟之后，看到总经理一行到了酒店门口，罗茜就在送他们到宴会厅时简单地汇报了安排。罗茜随即又返身回到了酒店大堂，等待着张总裁一行人的到来。几乎分秒不差，她迎接的客人准时到达。

晚宴按罗茜精心的安排顺利进行着，宾主双方笑逐颜开，客户不断夸奖菜的味道不错，正合他们的胃口。这时餐厅经理带领服务员像表演节目一样端上了山西刀削面。客人看到后立即哈哈大笑起来，高兴地说，你们的工作做得真细致。罗茜的总经理也很高兴地说，这是罗茜的功劳。

三、自助餐礼仪

自助餐是目前国际上所通行的一种非正式的西式宴会，在大型的商务活动中尤为多见。其具体做法是，不预备正餐，而由就餐者在用餐时自行选择食物、饮料，然后或立或坐，自由地与他人在一起或是独自一人用餐。

商务管理师在安排或享用自助餐时都需要遵守一些基本的礼仪规范。

1. 安排自助餐的礼仪

筹办自助餐，包括备餐的时间、就餐的地点、食物的准备、客人的招待等四个方面的问题。

（1）备餐的时间

在商务交往之中，依照惯例，自助餐大都被安排在各种正式的商务活动之后。根据惯例，自助餐的用餐时间不必进行正式的限定。只要主人宣布用餐开始，大家即可动手就餐。用餐者只要自己觉得吃好了，在与主人打过招呼之后，随时都可以离去。通常，自助餐是无人出面正式宣告结束的。

（2）就餐的地点

选择自助餐的就餐地点，重要的是既能容纳所有到场就餐的人员，又能为其提供足够的交际空间以及宜人的环境。

（3）食物的准备

在自助餐上，为就餐者所提供的食物既有其共性，又有其个性。其共性在于，为了便于就餐，以提供冷食为主；为了满足就餐者的不同口味，应当尽可能地使食物在品种上丰富多彩；为了方便就餐者进行选择，同一类型的食物应集中摆放在一处。

它的个性在于，在不同的时间或款待不同的客人时，食物可在具体品种上有所侧重。有时以冷菜为主，有时以甜品为主，有时以茶点为主，有时还可以酒水为主。除此之外，还可酌情安排一些时令菜肴或特色菜肴。具体来说，一般的自助餐上所供应的菜肴大致应当包括冷菜、热菜、汤水、点心、甜品、水果以及酒水等几大类型。在准备食物时，务必要注意保证供应。同时，还要注意食物的卫生以及热菜、冷饮的保温问题。

（4）客人的招待

招待好客人，是自助餐主办者的责任和义务。要做到这一点，必须特别注意下列三个环节：

①照顾好主宾。不论在任何情况下，主宾都是主人照顾的重点，在自助餐上也不例外。主人在自助

主人招待注意环节：
➢ 照顾好主宾
➢ 要充当引见者
➢ 要安排服务者

餐上对主宾所提供的照顾，主要表现在陪同其就餐、与其进行适当的交谈、为其引见其他客人等。只是要注意给主宾留下一点自由活动的时间，不要始终伴随其左右。

②要充当引见者。作为一种社交活动的具体形式，自助餐自然要求其参加者主动进行适度的交际。在自助餐进行期间，主人一定要尽可能地为彼此互不相识的客人多创造一些相识的机会，并且积极为其牵线搭桥，充当引见者。

③要安排服务者。小型的自助餐，主人往往可以一身二任，同时充当服务者。但是，在大规模的自助餐上，显然是不能缺少专人服务的。在自助餐上，直接与就餐者进行正面接触的主要是侍者。根据常规，自助餐上的侍者要由健康而敏捷的男性担任。他的主要职责是：为了不使来宾因频频取食而妨碍了同他人进行交谈，要主动向来宾提供一些辅助性的服务。

2. 享用自助餐的礼仪

所谓享用自助餐的礼仪，主要是指在以就餐者的身份参加自助餐时所需要遵循的礼仪规范，主要涉及以下八点：

（1）要排队取菜

在就餐取菜时，由于用餐者往往成群结队而来，因而大家都必须自觉地维护公共秩序，讲究先来后到，排队选用食物。不允许乱挤、乱抢，更不允许不排队。在取菜之前，先要准备好食盘，轮到自己取菜时，应用公用的餐具将食物盛入自己的食盘之内，然后迅速离去。切勿在众多的食物面前犹豫再三，让身后人久等，更不应该在取菜时挑挑拣拣，甚至直接下手或以自己的餐具取菜。

（2）要循序取菜

在自助餐上，如果想要吃饱吃好，在具体取用菜肴时，就一定要首先了解合理的取菜顺序。按照常识，参加一般的自助餐时，取菜的先后顺序应当是：冷菜、汤、热菜、点心、甜品和水果。因此，在取菜前最好先在全场转上一圈，了解一下情况，然后再去取菜。

（3）要量力而行

在根据本人的口味选取食物时，必须量力而行，切勿为了多吃而将食物狂取一通，结果导致食物浪费。

（4）要多次取菜

用餐者在自助餐上选取某一种类的菜肴，允许其反复去取。每次应当只取用一小点，待品尝之后，觉得它适合自己的口味，就再次去取，直至自己感到吃好了为止。这样做也是为了避免造成浪费。

（5）要避免外带

所有的自助餐，不论是由主人亲自操办的自助餐，还是对外营业的正式餐馆里所经营的自助餐，都有一条不成文的规定，即自助餐只允许就餐者在用餐现场自行享用，而绝对不允许对方在用餐完毕之后携带回家。

（6）要送回餐具

在自助餐上，既然强调的是用餐者以自助为主，那么用餐者在就餐的整个过程之中，就必须将这一点牢记在心，并且认真地遵守。在自助餐上强调自助，不但要求就餐者取用菜肴时以自助为主，而且还要求其在用餐结束之后，自觉地将餐具送到指定的地方。

（7）要照顾他人

商务管理师在参加自助餐时，除了对自己用餐时的举止表现要严加约束之外，还要与他人和睦相处，多加照顾一起用餐的其他人员。对于不相识的用餐者，应当以礼相待。在排队、取菜、寻位以及行进期间，对其他用餐者要主动谦让，不要目中无人，蛮横无理。

（8）要积极交际

商务管理师必须明确，一般来说，参加自助餐时吃东西往往属于次要的事，而与其他人进行适当的交际活动才是自己最重要的任务。在参加由商界单位所主办的自助餐时，情况就更是如此。所以，不应当以不善交际为由，只顾自己躲在僻静之处埋头大吃，或者来了就吃，吃了就走，而不同其他在场者进行任何形式的正面接触。

在参加自助餐时，一定要主动寻找机会，积极地进行交际活动。首先，应当找机会与主人攀谈一番；其次，应当与老朋友好好叙一叙；最后，还应当争取多结识几位新朋友。在自助餐上，交际的主要形式是几个人聚在一起进行交谈。为了扩大自己的交际面，在此期间不妨多转换几个类似的交际圈。只是在每个交际圈多少总要待上一会儿时间，不能只待上一两分钟就走，好似蜻蜓点水一般。

> **提醒您**
>
> 介入陌生的交际圈，大体有三种方法：
>
> 第一，请求主人或圈内之人引见。
>
> 第二，寻找机会，借机加入。
>
> 第三，毛遂自荐，自己介绍自己加入。
>
> 千万记住，介入一个陌生的交际圈时，愣头愣脑地硬闯进去未必会受到欢迎。

四、工作餐礼仪

在商界，工作餐其实是借用餐的形式所进行的一种商务聚会。站在商务礼仪的角度来看，正规的工作餐既不同于正式的宴会，也不同于亲友间的会餐。

1. 工作餐的安排

（1）目的

主动提议与他人一道共进一次工作餐，提议者大都心中有数，意欲借此机会来实现自己的某种目的。

（2）时间

参加工作餐的具体时间，原则上应当由工作餐的参与者共同协商决定。有时，也可由做东者首先提议，并且经过参与者的同意。

按照惯例，参加工作餐的最佳时间，通常被认为是12：00或13：00左右。若无特殊情况，每次工

工作餐做东负责事项：
➤ 要负责通知客人
➤ 要负责餐厅订座
➤ 要负责迎候客人
➤ 要负责餐费结算

作餐的进行时间以一个小时为宜，至多也不应当超过两个小时。当然，如果有要事尚未谈完，而大家一致同意，适当地延长一些时间也未尝不可。

（3）地点

根据惯例，工作餐的地点应由主人选定，客人则应当客随主便。具体而言，工作餐的地点可有多种多样的选择，饭店、酒楼的雅座、宾馆、俱乐部都可。康乐中心附设的餐厅、高档的咖啡厅、快餐店等也都可以考虑。不过从总体上说，选择工作餐的具体地点时，应当兼顾主人的主要目的与客人的实际情况。

2. 工作餐的做东

作为主人，工作餐的做东者在举行工作餐的时候，大致必须负责如下几件事情：

（1）要负责通知客人

正式决定进行工作餐之后，依照常规应由主人负责把相关的时间、地点、人员、议题等通报给其他人员。对于重要的人士，必须由主人亲自相告。

（2）要负责餐厅订座

前往一些著名的餐馆举行工作餐，通常需要提前预订座位。此事依照惯例应由主人负责。前往餐厅订座，主要有下列五种方法：

①派遣专人前去订座。

②拨打指定电话订座。

③利用传真订座。

④利用互联网订座。

⑤使用餐馆所发放的特惠卡进行订座。

在订座时，必须将自己的有关要求，如理想的位置、用餐的时间、到场的人数、特殊的要求、付费的方式等，明确告诉餐馆的工作人员。有必要的话，还应依照对方的要求，预付一定数额的押金。

（3）要负责迎候客人

商务礼仪规定，举行工作餐时，做东者必须先于客人抵达用餐地点，以迎候客人们的到来。在正常情况之下，做东者应当至少提前10分钟抵达用餐地点。稍事休整之后，即应在适当之处恭迎客人们的到来。一般认为，除餐馆的正门之外，预订好的餐桌旁、餐馆里的休息室以及宾主双方提前约好的会面地点都是做东者迎宾的适当之处。假如做东者因故不能提前抵达用餐地点迎候客人，最好委托专人代表自己前往。必要时，做东者还应说明原因，并为此向客人致歉。不管怎么说，客人准时抵达后而无人迎候，都算是主人的失礼。

（4）要负责餐费结算

按照常规，工作餐的结算应当由做东者负责，具体来说，工作餐的付费方式通常又分为"主人付费"与"各付其费"两种。

①"主人付费"，指的是在就餐结束后，由做东者自掏腰包，负责买单付账。要是宾主十分熟悉，则做东者在餐桌上当着客人们的面算账掏钱即可。得体的做法是，做东者应当先与侍者通通气，独自前往收银台结账，或是在自己送别客人之后，再回过头来结账。尽量不要让侍者当着客人们的面口头报账，更不能让侍者将账单不明主次地递到客人的手里。

②"各付其费"，就是我们通常所说的"AA"制。采用此种付费方式，需要有言在先，在算账时，做东者所要做的，主要是动手算账、伸手收钱、跑腿交费而已。

3. 工作餐的进行

在参加工作餐时，宾主双方都有一些需要通晓的注意事项，主要包括如下四条：

（1）就餐的座次要注意

由于工作餐是一种非正式的商务活动，所以人们对其座次通常都是不太讲究的。不过，有些事项还是应予注意：

①在餐桌上就座时，座次往往不分主次，可由就餐者自由就座。

②出于礼貌，主人不应率先就座，而是应当落座于主宾之后。

③若是主人为主宾让座的话，一般应当请对方就座于下列之一的座次：主人的右侧或正对面，面对正门之处，视野开阔之处，以及能够观赏优美景致的位置。

④主人宜坐的位置，则在主宾的左边或者其正对面。

⑤主人与主宾若是同性，则双方就座时可根据具体情况有较多的选择。

⑥主人与主宾若为异性，则双方最好是对面而坐。

（2）菜肴的选择宜简单

与宴会、会餐相比，工作餐仅求吃饱，而不刻意要求吃好。因此，工作餐上的菜肴大可不必过于丰盛，应以简单为好。根据常规，工作餐的菜肴安排应当由东道主负责。东道主若想表现得称职，在其具体安排菜肴、饮料时，最好还是先同其他人，特别是主宾进行一下协商为好。最重要的是，要主动回避对方的饮食禁忌。出于卫生方面的考虑，工作餐最好采取"分餐制"的就餐方式。不习惯的话，代之以"公筷制"也可。

> **提醒您**
>
> 为不耽误工作，工作餐中的饮料应将烈性酒除外。同时，全体就餐者还应自觉地禁烟，而不论所就餐的场所是否有此规定。

（3）席间的交谈要及时

工作餐讲究的是办事与吃饭两不耽误。所以，在为时不多的进餐过程中，宾主双方就有关的实质性问题进行交谈，通常开始得宜早不宜晚，不要一直等到大家都吃饱喝足了，方才正式开始交谈。依照商务礼仪的规定，待主宾用毕主菜之后，主人便可以暗示对方交谈能够开始了。此刻，主人说一声"大家谈一谈吧"，或道一句"向您请教一件事情"，皆可作为交谈的正式开始。在点菜后、上菜前，也可开始正式交谈。

（4）用餐的终止要适时

工作餐必须注意适可而止。依照常规，拟议的问题一旦谈妥，工作餐即可告终。在一般情况下，宾主双方均可首先提议终止用餐。主人将餐巾放回餐桌之上，或是吩咐侍者来为自己结账，客人长时间地默默无语，或是反复地看表，都是在向对方发出"用餐可以到此结束"的信号。只是在此问题上，主人往往需要负起更大的责任。尤其是在客人需要"赶点"去忙别的事情，或者宾主双方接下来还有其他事要办时，主人更应当掌握好时间，使工作餐适时地宣告结束。

相关知识

商务宴请的一些细节问题

1. 餐厅选择

宴请中谈商务的时机:一般宴请最好挑有沙发的包间,如果和客人不是很熟,在吃饭前人没来齐时,就先把事情谈了。这样做的好处是让人家吃得心里踏实。如果和客人较熟,而且也不是什么复杂的事,只是表个态,就不要在吃的时候说,而是到最后送客时顺口说一声"帮我办一下……"就行了。

当然,一切要以尊重客人的要求为前提。

2. 落座有规矩

正对门的位置是主人的位置,右手是贵宾,对面最好坐自己的助手(副主陪),催个菜跑个腿什么的方便。如果双方来的人数差不多,最好互相间隔着坐,有利于私下交流。不要自己人坐一边,对方坐一边,跟谈判似的。

3. 敬酒规矩

一般来说,向客人敬酒时,敬多了很不尊重,但是重要客人敬多了是可以的。别人敬酒时,不要乱掺和。另外,作为副手敬酒也有技巧,一般要委婉地说"代老板敬您一杯",这样可以兼顾双方位置的微妙差别。

探究·思考

1. 在馈赠礼品时,应注意哪些事项?
2. 在电子邮件中,"个性签名"应注意哪些事项?
3. 在正式的商务活动中,礼宾秩序可按哪些方法排列?
4. 在参加工作餐时,宾主双方需要通晓的注意事项有哪些?

第三章
商务会议与展览

本章学习重点：
- 掌握商务会议筹划、主持及参加商务会议的要点和注意事项
- 掌握展销会的策划、展示产品以及海外展销的技巧和要点

主题词： 商务会议　展销会　海外展销

第一节　商务会议

商务管理师作为商务会议的筹划者，除了组织会议，所做的幕后工作对会议的成功与否却至关重要。商务管理师准备工作越是周到，会议就开展得越顺利。

很多时候，商务管理师作为会议的主持或参与者也要参与会议，对主持或参加会议的要求也要了如指掌，这样才能提高会议的效率。

一、商务会议筹划

有时你可能会组织一次很不起眼的小型会议。比如，销售经理们常常在最后一分钟被召集在一起开会，并期望你能做好一切准备。如果你一切准备就绪，就会得到大家的称赞。着手组织会议，就需要建立一个全面信息档案，包括组织会议所需的各种要素，如地点查询一览表、供应商及各种服务、饮食查询一览表、视听设备等。下面将重点谈谈会议筹划的具体步骤。

1. 确认目的

明确会议的目的将为你提供一幅蓝图——一个能指导你行动的具体计划。开会的主要目的是为了交换信息，比如说请大家出谋划策，交流重要信息，制定方针策略，作出决定，提供培训，或者解决一个问题。注意不要混淆会议的目的和主题。

会议的目的就像是一个车头，带动有关会议的一切事情，包括与会者、会议议程、开会所需材料和设备以及下次会议的大体方向等。

进行会议策划时应明确以下问题：

第一，会议的目的是什么？

第二，会议想实现什么目标？

第三，会议想交流什么信息？

第四，希望与会者离开时有何感觉？

第五，会议将在何时举行？

第六，会议将持续多久？

第七，与会者包括哪些人？

第八，对会场有什么要求？

第九，需要什么特别的材料和设备？

第十，会议需要什么样的茶点和小吃？

有了这些信息，就可以着手开始制定方针策略了。但首先要问问自己，在规定的时间内做完这一切是否现实，必要的资源是否齐备。如果答案是否定的，一定要想办法落实。

如果期望不现实，你可以把方案分成若干不同部分，看看哪些你能做，哪些需要另想办法，可以找你公司的员工帮忙，也可以求助外面的供应商。

2. 制定会议议程

要留意准备时间和会议实效之间的直接关系，特别是涉及准备材料和议程内容时，明确会议目的是议程的第一步。

议程不过是一连串要讨论的事情而已。应当使之简短、切题。一般来说，议程长短不超过一页纸。如果某次议程有许多事项，也可以多加一页，但要紧凑、流畅，便于浏览。

每项议程都应包括以下内容：

（1）会议的目的

要把这一条放在前面，这样可使每个人都清楚地知道行动的目标。要注意措辞并多使用下列词语：决定、改进、创新、发展、完成、决意等。

（2）数字信息

要列明具体的日期、时间、长短以及会议地点。如果与会者不太熟悉开会地点，应当附上有关地图或特殊方向标记。

（3）与会者的会议角色

邀请合适的与会者对于会议取得成功非常关键。

给每个与会者分配好任务，如协理、计时员、录音师、演讲人等。

通常，会议的领导不适合做协理或计时员，因为他总是在牵挂着会议的结果。

（4）与会者需要携带的材料

不要想当然地认为与会者知道你希望他们带什么东西来参加会议。如果你提前告诉他们，他们就会把那些必备材料带来。

（5）议程内容

由会议领导和与会者共同制定议程内容。议程应该符合逻辑，条理清楚，有助于实现会议目标。另外，也要列出哪个人负责哪一专题及时间的分配等。如果希望与会者能在会前阅读议程条款的背景材料，要提前通知他们。对于他们所能做到的一切，你要抱现实态度。大多数人习惯于在最后一分钟前做好准备。

> **提醒您**
>
> 提前分发写好的议程，能帮助与会者了解会议的目的，清楚要讨论的内容，事先准备好问题。一份议程就是一份官方请柬，与会者们会因其公事公办而严肃考虑，认真对待。

实例

会议议程

时间：3月27日签到，3月28日正式开会

地点：×××公司总部

会议程序：

1. 10：00—12：00

（1）总公司领导讲话。总结过去一年中总公司的经营、策划、效益、人员变动等方面的工作。

（2）宣布总公司今年的工作方案、规章制度、员工安排、工资待遇等。

（3）下达分公司上缴利润方案及有关管理条例。

2. 14：00—17：00

（1）听取分公司经理的工作汇报。

（2）集体讨论如何做好×××公司这个品牌，如何发挥各分公司的地理优势，把业务做大、做强。

（3）听取分公司经理对总公司提出的合理要求和建议。

（4）表彰先进分公司。

（5）总公司领导总结。

（6）宣布散会。

2011 年 3 月 22 日

3. 邀请与会者

开始考虑与会者的最佳组合时，应该回顾一下会议的目的，并选择能帮助会议达到预期效果的人。为确保效率，选择与会者时，应明确下列问题：

第一，会议是否需要某人提供信息？

第二，会议是否需要某人提供特别建议？

第三，会议是否需要具有特别专长的人？

第四，会议是否需要权威人士来做决定？

第五，会议是否需要某人来规划蓝图？

第六，会议是否需要有人来处理细节问题？

第七，会议是否需要一位具有新鲜创意的人？

基于以上需求，去寻找合适的人选。在作决定或解决问题的过程中，要尽可能包括众多观点。

策划会议时应包括具有不同思维方式的人：擅长规划未来的人和善于处理细节的人。这两种类型可以相互补充。前一类人规划蓝图，后一类人一步步进行落实以便完成计划。每个与会者都应有其与会的特殊目的。

> **提醒您**
>
> 对于每次都有相同的与会者的会议，应当考虑经常邀请一些其他人来增添新鲜活力和讨论新话题。

4. 确定合适的与会人数

确定与会的具体人数是会议策划者的任务之一。这和举办活动不一样，活动不管来宾有多少都能取得成功，而商务会议则是参加的人达到最小值时效率最高。人员越多，会议就会越复杂。许多会议之所以很庞大，主要是因为领导者考虑到政治原因不想漏掉某人或害怕伤人感情。但是，最有效的人数却是10人以下，通常是7~8人，这个人数具有充分的灵活性，而且是解决问题的最佳人数。

与会者人数达到20人时已经有点复杂，需要细心组织和管理以达目的。对于那些近30人的会议，要考虑将他们分成小组，特别是当你想要寻求策划或解决问题的创意时。而超过30人的会议则适用于介绍会、小组讨论会和选举。

5. 编制紧凑的日程

要使开会的时间适合每个人，是很难的。因为人们通常很少想到要开会，如果有选择的话，人们总是找到更重要的事情去做而不愿开会。

要确保重要与会者到会。如果他们有其他的任务，或外出，或正在度假，应当延迟会议或调整会议日程，使其能方便这些人。

开会的最佳时间是在清晨，那时，人们还没有变得懒散。另一个较好时间是在15：00左右，那时大事基本处理完毕，而且电话也开始安静下来。

如果你想晚一点开会，则要确保不侵占他人时间，不会耽误员工接孩子或不会让员工赶上严重的交通阻塞。

很多公司安排午餐会议，往往很成功，特别是当你提供食物或大家自备午餐时。但要确保在发出议程前就已经通知大家有关吃饭安排事宜。

> **提醒您**
>
> 午餐后的那段时间最不适合开会，因为人们往往饭后疲乏，而且脑细胞功能也相当弱。

6. 确定会议地点

会议无论规模大小，地点是成功的关键。会议的环境，不管是正式的还是非正式的，都将有助于营造合适的氛围和情调。你可以考虑选择舒适的但要能够活跃气氛的，使与会者易于集中注意力的地方，但是不能太过于安逸和放松而导致很容易入睡。

考虑选择合适的会议地点时，一定要想到会议的目的、会议的长短和会议的预算。要确定是否有必要或适合在域外举行会议。比如，有时那种绝密性的讨论就适于在一个中立的域外地点进行。

（1）现场会议

这种方式是四种会议中的最佳选择。大多数小会议（有10人或更少的与会者）通常都在公司的办公环境之中就可完成。这种会议能够简便、快捷地组织并且花费少、效率高。而且，除非有一些其他地方的员工要赶来开会，你可以不必考虑赶路的时间和费用。任何一个办公室、经理室或小会议室都可以把事情办得很好。无论你选择哪一地点，都要采取措施避免诸如手机或雇员打扰的干扰。一个挂在门上的"会议中"的牌子会十分奏效，可以把这些干扰降到最低。

（2）本地非现场会议

年复一年、日复一日地待在办公室里，容易使人觉得非常枯燥，所以远离办公室举行会议能够产生一种令人愉悦的感觉，这种变化能够激发人们的创造性。假如你想要讨论一些敏感或秘密的话题，这是一个很不错的选择，可以避开那些好事者的耳目。另外，员工有时必须处理一些区域性问题，如果在组织会议的过程中对此有所顾虑，选择一个中立的地点开非现场会议也许会有助于解决这一问题。

选择非现场会议场地时，是找一个当地的酒店会议室，一个饭店还是其他会议场所，是二星级还是五星级？预算决定你的选择。安全起见，作出最终决定之前，最好亲自考察一下场地。

确保会场大小适中，要避免"尺寸超大"倾向，例如选择一个可容纳200人的会场，却只是为了召开一个20人参加的会议。

（3）外地现场会议

如果你的公司在其他地方有分公司，适宜采取这种方式。当分部有东西如新设备需总部人员参观时，常常采用这种外地现场会议。

尽可能进行现场考察以便提前进行一些细节准备。另外，如果在分公司也有活动策划人，和他合作，一起安排。一份详细清单将会使你在工作中面面俱到，无所遗漏，特别是那些至关重要的部分。所有准备工作完毕，应再三检查一切是否照计划行事。如果计划有误，你应该负主要责任。

如需要旅行和住宿，会议的费用自然就会增加。

相 关 知 识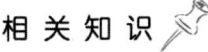

会议选择现场考虑要点

无论会议是在公司的会议室还是其他地方举行，当到了必须选择地点的时候，对你能考虑的选择对象要注意以下几点：

1. 空间

当你在房间中布置好桌椅、通道、演讲台及其他所要的空间及视听设备后，你是否能够保证每一位与会人员都能有自己充足的空间？如果在这方面你还是位新手，一定要向会场有关人员询问建议。

2. 温度

会议室里有没有空调或暖气？在会议进行中，人体的温度可能会使室内温度增高而使人感觉不舒服，对此你能否有所控制？窗户不是空调的理想代替品，因为它们在放入新鲜空气（也可能并不新鲜）的同时也会使外界的嘈杂声涌入室内使人分心。一些大型设施，尤其是会议中心，都有中央温度调控装置。要使会议室既不很冷又不很热，温度适宜。

3. 灯光

对室内的灯光你控制得如何呢？能否使会议室的光线足够暗，以便观众能够看清投影的图像？能否使光线足够明亮，以便与会人员可以做笔记？

4. 视线

因为房间里的柱子、低矮的天花板或其他障碍物阻挡视线，你是不是就不能使与会人员坐在房间的任一角落呢？最好通过实地考察来收集这类信息，不能依赖所提供的资料说明房间的规格。如果不能实地考察，那么就仔细询问有关人员每一个具体的问题，以避免任何现场惊人的状况发生。

5. 潜在的干扰因素

什么样的潜在干扰因素能使房间成为一个不理想的会议场所呢？

空调的声音是不是太大了？房间是不是位于闹市？楼道里会不会有嘈杂的脚步声？房间是不是紧靠厨房或位于一间可能在举办服装展示彩排的大会堂上方？房间的墙壁是否厚到足以阻挡外界扰人的噪声？音响系统如何？你能否听到各个房间里的回声？知道这些问题答案的唯一途径就是亲自实验。

6. 桌椅

房间里是否有所需要的足够多的桌椅？是不是需要再去租借？是需要从会场租借，还是可以另找他人？如果房间里的家具不充足或不合适，是不是要把它们搬出去并存放好？会场是免费提供这项任务还是需要另付费用？

7. 租赁时间

确保在会议开始之前你能够提前进场检查，以防无法预料的问题出现，确保视听技师、灯光专家、桌椅供应者、会议场所提供者及其他提供各项服务的人员在与会者到来之前将各自工作安排就绪。你或许还可以给发言者彩排的时间，以熟悉会议室的环境。

8. 室内容纳能力

获知你要租用的会议室所规定的容纳能力，不要超出限度，检查所有紧急出口，并将其纳入计划，小心不要用前台或座椅将其阻挡。确保所有出口都有明确标志并且光线充足。提前弄清会场是否免费提供以下关键条目，如果你所需要的任何一条未被包括在内，应当立即提出：

（1）会议中使用的桌布。

（2）为与会人员准备的水及杯子。

（3）便笺本及铅笔。

（4）每张桌子上的糖果盘。

（5）前台及放置演讲稿的讲桌，装饰性绿植。

（6）指引与会者到指定房间的各种标志。

（7）为演讲者准备的活动挂图或其他道具。

（8）为投影设备准备的松紧带、电线、桌子。

（9）备用的灯光设备，以防需要。

（10）视听设备，如话筒、投影仪、屏幕等。如果会场提供这些设备，那么是否也配备了专业技术人员，来负责安装及处理设备可能出现的所有问题呢？

（11）支架与绳子，如果需要的话。

（12）提早找出以上各条目中需要向他人租借的项目，以保证自己有充足的时间做安排。

（4）外地非现场会议

因为这种开会方式费用高，所以一些特别会议（如销售会议）往往会采取这种方式。这种会议可能会持续好几天，所以得安排很多细节问题。如果想要活动深受欢迎，可以考虑把会场设在名胜区。这样，可以使与会者充分享受高尔夫球、游泳等健身运动。因此，要事先进行现场考察。

7. 特殊材料和设备需要

关于视听设备，你的主要任务就是询问发言人他们计划使用什么设备，如果他们不知道，要搞清楚他们想要在发言中取得什么效果，以便能够帮助他们选择合适的设备。

如果是现场会议，公司没有所需要的设备，可以找一位当地可信赖的服务商租用一台。你可以查询黄页，打电话联系几家，进行价格比较，并询问服务商租用设备的运行状况。你也不希望租来的机器在老板做基调发言的关键时刻掉链子吧？

如果会议在公司外面召开，查看会场是否有能力提供所需设备。大多数酒店的会场都能提供租用设备。如果没有，他们可以和当地的设备租用公司联系解决此事。

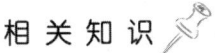

相关知识

常用的视听设备

1. LCD 投影仪（液晶投影仪）

这套设备最常见的部分就是一部台式计算机，使用液晶投影仪，把图像投射到屏幕上。如果和现成的模板如微软的 PowerPoint 配套使用，则可以使其看起来更加专业化。

2. 35 毫米投影仪

当发言人使用幻灯片时，可以采用这套设备。因为其线条要比计算机制作的幻灯片清晰，它可以使图像对人产生巨大的影响力。然而，为了取得最佳视觉效果，整个房间需要完全黑暗，这很容易使人昏昏欲睡（尤其是在饭后）。

3. 录像机

这种设备使得发言人可以展示有关他演讲的录像带。要确保你或发言人知道如何操作机器，要知道带子放在开始处才能工作。然后，要做的就是适时按"播放"键。节目开始后，不要对发言人指手画脚——这样只能是浪费时间。

4. 悬挂式投影仪

如果使用这种投影仪，许多发言人会感觉舒服得多。要准备好必需品，包括足量的醋酸酯和特别标记，黑色和蓝色最佳。投射到屏幕上时，使用这些颜色效果最好。红色最好是用来强调重点，但要避免红蓝两种颜色同时使用，因为有些色盲、色弱的人会把它们看成灰色。另外，要牢记投射到屏幕上的黄色和橙色看起来就像被水洗过的一样。

5. 活动挂图

这种方式最适合用在点子大会上捕捉新思想。确保足够的纸张和标记。黑色和蓝色还是最佳颜色，因为它们很容易从远处被识别。提前测试颜色，确保它们到时不会凝固。

6. 麦克风

根据会场大小和到会者人数，你可以决定是否采用麦克风。下面是几种麦克风类型，不管你选择哪一种，记住要提前测试。

（1）台式麦克风。如果讲话人要读稿子或发言很紧张，需要站在讲台后，紧紧地贴住讲台，最好还是选择台式麦克风。台式麦克风尤其适合那些手爱出汗、讲话时手不知该放何处的人。

（2）便携式麦克风。这种麦克风适合那些自信的演讲人、积极热情的喜剧演员或歌手。演讲人需要知道如何操作这种麦克风。需要把它竖起靠在下巴上,麦克风的顶端要和下嘴唇保持水平。许多人不熟悉如何使用,常常把麦克风放在远离嘴巴的位置,这样声音会减小,效果就会降低。

(3)有线或无线颈挂式麦克风。这种麦克风最适合边说边走且爱用手做动作的演讲人。它体形较小,可挂在衣服上,通常放在夹克衫的衣领上端,尽可能靠近嘴巴。尽量别让围巾、领带或珠宝触及麦克风,避免发出令人难以忍受的噪音。

8. 茶点

大部分人喜欢吃东西,所以无论何时开会都要包括食品这一项。食品可以使会议充满温馨轻松的情调。

除非会场有餐饮商,否则,你需要从当地的蛋糕房、熟食店采购一批食物。你可以根据会议的长短和时间,或选择炸面包圈,或选择松糕,或选择丹麦酥皮饼,或选择三明治,或盒饭,或干脆来点小吃即可。最起码,你也得准备一些咖啡、茶和足够的水。如果你需要准备午餐,应该问问与会者的饮食喜好(如素食等)。

9. 会场布置

布置会场就是为会议营造合适的氛围。这涉及房间里每一个物件——从安排座次到空调设施。

(1)交通

如果会议不是在公司召开,交通问题必须要考虑。是让与会者自己开车、乘坐公交车还是租用区间服务车?不管你选择哪种方式,都要让与会者了解细节问题。给每人一份地图,标有详细方向、停车及费用等信息。

如果停车场是宾馆设施的一部分,可以考虑省掉停车费的问题。

如果你计划在商业区召开会议,要让与会者知道那些潜在的交通问题,例如途中建筑工地或交通高峰区。如果客人乘坐公交车或火车,要详细告诉他们应在哪里下车,从汽车站或火车站如何找到开会地点等。

（2）座次安排

座次安排能从心理上影响整个会议的效率。如果有人想施加影响，就需要和目标者进行目光交流，所以目标者对面的位置是最佳战略位置。如果有人想要引起某人的注意，就要正对着此人而坐。另一引起注意的有利位置是领导者右边的位子，当人们看领导者的时候，就会注意到你的存在，因此能够潜意识地把你俩联系起来。

如果想要解决问题，需要鼓励大家积极参与、互动，圆桌会议可以产生最好的效果。这种安排下，大家没有主次之分。这种布置有助于营造积极参与、开放式讨论的氛围。

U形座次排列最适合培训。它可以使发言人清楚地看到每一个人，与会者容易参与其中。发言人可以站在桌内，也可站在桌外，这要以发言人和与会者的距离远近感觉是否舒适为依据。

如果要作决定，以领导位于桌首的长形座次安排最好。进行座次安排一定要有策略，避免个性冲突的两人邻座，甚至面对面坐着，要把他们分散开来。讨论的最佳座次安排是让持对立观点的两组人面对面坐着。也可以考虑分等级座次安排，让大会主持人位于桌首，然后按照职位高低依次排座。

（3）制冷、制暖系统

许多先进的设施里，空调都是中央制控或由温度自动调节器调节，通常很难以房间为单位进行控制。因此，调到一个人人都喜欢的温度是不可能的。

如果房间内无人，室温可以略高，如果人很多，温度势必升高。所以在会议开始时，温度适当地低一些。另外，当感觉凉爽时，人们不容易入睡。同时，要准备足量的热饮，使人们感觉舒适。

（4）室内噪声及其他分神之物

彻底消除室内噪音或分散注意力的事物也许不太可能。但要尽可能去除这些东西，以营造出最佳会议氛围。查看会议室外面的车辆噪音、排风扇的声音及出自视听设备或声音系统的分散注意力的声响。这对于非现场会议设施尤为重要。另外，要确保会议室远离大门口或其他正在举行会议的场所。

选择场地时，要注意会场装潢。宾馆的会议室通常都有主题，并进行相应的装饰。镜子、大的壁画或图片不但容易使发言人精力分散,也容易使与会者精力不集中。不管在哪儿,要远离这些物品就座。

会议进行中,经常会有人去洗手间引起关门的声音,怎样来防止呢?可以在门上粘贴胶带,降低声响。应当建议与会者们在会议期间手机关机或将其状态调为静音、振动。

还有许多其他的事情会干扰会议。不要提供有包装的糖块,至少在会议结束前不要。同样不要准备如薯条、椒盐卷饼或苹果等能发出声响的小吃。

(5)照明

如果灯光太亮,人们的眼睛会很疲劳。如果室内光线太暗,与会者的眼睛就会慢慢闭上。要尽可能地利用自然光。当然,为了避免外部干扰,应当使椅子背对窗户。

使用视频设备时需要配置人工光源。但要确保不能让光线盖过屏幕。如果可能,要么使光源不直接照射屏幕,要么减小屏幕上方的光源。当召开非现场会议时,询问会场方是否可以去除那些讨厌的灯泡。如果是卤素聚光灯,除去灯泡很容易,但如果是日光灯,通常很难调节。

10. 其他一些必要的细节

一些小东西经常会对会议产生巨大影响。下面一些东西尽管小,但可以使会议别具一格。

(1)提供名片

在一些与会者互不相识的会议上,要提供名片。让人们使用一些形容词来描述自己,以便更容易被记住,如"聪明的李强"或"滑稽的赵明"等。

> 其他必要细节:
> ➢ 提供名片
> ➢ 会议记录
> ➢ 增加调料
> ➢ 保持房间整洁
> ➢ 成功评估

(2)会议记录

看一看是否有人负责会议记录,实际上,也许你可以承担此任。可使用录音笔,保证记录准确无误。

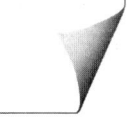

（3）增加调料

采取各种方式活跃会议气氛。做游戏、出点子、举办活动等形式，有助于与会者积极参与，使会议进展得更顺利。

（4）保持房间整洁

会议往往因为桌面满是文件、资料而凌乱不堪。要定时打扫、清理。一个整洁的环境有助于人们思考问题，激发创意。

（5）成功评估

作为筹划工作的一部分，制作一个简短的评估表，可以避免使你一而再、再而三地犯同样的错误。根据与会者的反馈，努力提高下一次会议的质量。评估表可以包括以下问题：

①会议的进展与其目标是否一致？
②遵照议程做得如何？
③日程安排得如何？
④下一次将采取哪些不同措施来保证会议的质量？
⑤面临哪些挑战？
⑥有哪些相同意见或不同意见已经得到解决或还没有得到解决？
⑦此次会议作出了哪些好的决定？
⑧对与会者的专长利用得如何？
⑨发生了什么意想不到的事情？
⑩什么地方还需要进一步的准备？

还要考虑从你的立场来评价会议。考虑下次会议是否会采取一些不同的措施。

二、主持商务会议

会议主持是一门学问，一门艺术，会议主持人应了解基本的会议主持礼仪。会议主持人要注意以下几个方面：

1. 做好会前的准备工作

开会前要明确会议目的，确定议题、程序和开会的方式方法；选定出席的人员；确定会议的时间、地点。要把会议目的、议题、时间、地点、要求事先通知参加者，请他们做好准备。会前应收集意见，准备必要的有关资料，做好会场的准备，搞好卫生，桌椅的排列方法要适于会议的特点。准备工作越充分，会议就会开得顺利、紧凑，效果就越好，这些内容在前面的筹划中都讲到过。

2. 保持自然大方的主持姿态

主持人主持会议时，从走向主持位置到落座等环节都应符合身份，其仪态、姿势都应自然、大方。

（1）走姿

主持人在步入主持位置时，步伐要坚定、有力，表现出胸有成竹、沉稳自信的风度和气概，要视会议内容掌握步伐的速度和幅度。

①主持庄严隆重的会议，步速要适中，以每秒约 2 步为宜，步幅要显得从容。

②主持热烈、欢快的会议，步速要快，每秒至少 2~2.5 步，步幅略大。

③主持纪念、悼念类会议，步速要放慢，每秒 1~2 步，步幅要小，以表达缅怀、悲痛之情。

④平常主持工作会议，可根据会议内容等具体情况决定步速、步幅。一般性会议，步速适中、步幅自然。

⑤紧急会议、重要会议，可以适当加快步频。

行进中要挺胸抬头，目视前方，振臂自然。重要会议开始前，在步入主持位置的过程中，不要与熟人打招呼。一般性工作会议，如果时间未到，落座后可适当与邻座寒暄，与距离远的人微笑点头示意。行进中步速不能过快，不能跨大步，以免显得紧张、不安。如果特殊情况因故来迟，不要破门而入、跑步到位、大喘粗气，应该以手轻轻推门，进门后快步到位，放下文件袋、落座，先向等候者道歉，并简要说明原因，求得大家谅解，立即主持会议。

（2）坐姿

坐立应端正，腰要挺直，颈项伸直，面对前方，虚视全场，双臂前伸，两肘轻按会议桌沿，对称，呈"外八字"。不能前倾或后仰，主持中不能出现用手抓头、揉眼、搔脸，以及不住地喝水、抽烟等多余动作。

（3）站姿

在一些集会典礼中，主持人以站立姿势主持。站立主持时，要双腿并拢，腰背挺直，右手持稿底部中间。有风的天气，要双手持稿，与胸等高，与身体呈45度。脱稿主持人应两手五指平伸，自然下垂，身体不能晃动，腰背挺直，目视前方。两腿不能叉开，不能抖动，两手不能上抬、晃动、抓握话筒等。

（4）手势

主持人与一般讲话者不同，一般不需要手势。在一些小型会议进行总结概括时，可以加入适当手势，但是动作幅度不能过大。

3. 运用丰富幽默的主持语言

主持会议要通过语言表述来进行。因此，主持人应特别注意语言的礼仪规范。

所有言谈都要服从会议的内容和气氛的要求，或庄重，或幽默。

口齿清楚，思维敏捷，积极启发，活跃气氛。主持人一定要明确开会的目的，比如：主持记者招待会，主持人、发言人要对记者提出的问题，反应敏锐，流利回答，不能支支吾吾；开座谈会、讨论会等，主持人要阐明会议宗旨和要解决的问题，切实把握会议进程和会议主题，勿使讨论或发言离题太远，而应引导大家就问题的焦点畅所欲言；同时，要切实掌握会议的时间，不使会议拖得太长。

会议进行过程中，主持人对持不同观点的人，应允许其发表自己的看法，会议出现僵局时要善于引导，出现空场、冷场时应及时补白。要处处尊重别人的发言和提问，不能以任何动作、表情或语言来阻止别人，或表示不满。要用平静的语言、缓和的口气、准确的事实来阐述正确主张，使人心服口服。

4. 引导会议内容

遇到冷场，要善于启发，或选择思想敏锐、外向型的同志率先发言。有时可以提出有趣的话题或事例，活跃一下气氛，以引起与会者的兴趣，使之踊跃发言。遇有离题情况，可根据具体情况，接过议论中的某一句话，或插上一句话做转接，巧妙柔和地使议论顺势回到议题上来。当发生争执时，如果因事实不清，可让与会者补充事实，如事实仍不太清，可暂停该问题的争执。主持者应设法缓和冲突，而不能激化矛盾，更不能直接参加无休止的争吵。

主持者要善于观察与会者的性格、气质、素质和特点，并根据各类人员特点，区别对待，因势利导，牢牢掌握会议进程。

5. 缩短会议时间

准时开会，不准拖延时间。国外有的公司有如下经验：在办公时间不准开会，凡二级主管会议，大都在18：00以后举行，并且开会时间不得超过1小时，否则将由主席负责，轻者扣薪，重则解聘。严格限制会议时间，可以抓住问题的核心。有的公司把一般会议安排在午餐前，这时，与会者饥肠辘辘，无心闲谈碎扯，会议很快抓住中心。限制发言时间，举世瞩目的南北首脑的坎昆会议，每个发言者只有25分钟的时间。日本一家公司让职工学会开会的方法，教他们在1分钟内阐明符合议题的意见，避免讲那些与议题无关的废话。有人主张在会议室挂一个时钟，像球类比赛那样随时显示出还剩多少时间，这会提醒与会者抓紧时间。

6. 掌握会议进程

主持人应随时掌握会议进程。在工作性会议中，主持人就像交响乐团的指挥，随时控制、掌握会议进程。为此，应做好下述几点：

第一，事先准备好一份会议议程表，并按照议程进行。

第二，提请与会者注意本次会议的目的，并使会议始终不离宗旨，以保证会议顺利进行，并达到预期目的。

第三，规定会议的开始时间，并对结束时间作出限制。要准时开始，按时结束。另外，在工作会议的进行过程中，有时会碰到需要裁决的问题。"少数服从多数"的民主集中制原则固然必须遵守，但对少数人的意见也应给予尊重，并把它交付给全体与会人员反复推敲。

7. 创造融洽、顺利的会议气氛

会议的气氛是否融洽、顺利，与会议主持人角色扮演得好坏有很大的影响。主持会议应公平、公正，客观地行使其职权。会议主持人在会议中，应做到以下几点：

第一，应明确介绍所有来宾及参与开会的人士。

第二，如有许多贵宾，无须请贵宾一一致词，请一位代表即可。

第三，如同时有两人以上请求发言，若没有其他补充或都尚未发言，可请距离主持人较远者先发言。

第四，维持会场秩序，并遵守会议规则。

第五，不可在发言人发言完毕前随便插嘴，但有权控制发言人的发言时间。

第六，请人发言时，态度要诚恳，用语应有礼貌。

第七，有人发言时，应看着发言人，仔细聆听。

8. 重视会议效率

会议的效率非常重要，会议主持人是提升会议效率的关键人员，为此应制定一些会议纪律。

三、参加商务会议

对于参加会议的商务管理师而言，在开会过程中，也应注意一些礼仪、礼节。

1. 开会之前

商务管理师在会议召开前，应注意以下几点：

守时。商务管理师在参加会议时，一般在规定的会议时间之前提早5~6分钟进入会场，不要迟到，迟到可以视为对本次会议不重视，或是对会议主持人以及其他与会者的小视与不尊重。确有其他原因迟到的，要向主持人及与会者点头致歉。

仪表。商务管理师衣着应以正式上班服装为主，穿着不可过于随便。如果是户外会议，应事先询问主办单位是否可穿休闲服。

举止。商务管理师在参加会议时，坐姿要端正，不可东倒西歪或趴在桌子上。不要搔首、掏耳、挖鼻、剔牙、剪指甲，甚至把脚从鞋里抽出来抠脚趾头。室内若无烟灰缸，表示不能抽烟。

介绍。若在会议开始前，主持人仍未介绍与会人士，可主动伸手和左邻右舍的人握手，并且进行自我介绍。

2. 会议进行中

会议进行中，也有不少事项是商务管理师所要注意的。

会议进行期间，商务管理师应认真倾听报告或他人发言。择其要点做好记录，对深入体会和准确传达会议精神有很大帮助。携带手机进入会场，在会议开始时应予以关闭或调至振动。开会时，在下面闲聊、看书报、摆弄小玩意儿、抽烟、吃零食、打瞌睡或随意进出会场，都是切忌出现的不文明行为。

在会议进行中要发言时，应先举手，这是发言的礼貌。发言时应对事不对人，勿损及他人的人格及信誉。会上发言时，应口齿清楚，态度平和，手势得体，不可手舞足蹈，忘乎所以或口出不逊。

在大型会议上发言，准备要充分，态度要谦虚，发言开始时要向听众欠身致意。发言内容要求做到中心突出，材料翔实，感情真实，语言生动。力戒自我宣传，自我推销，更不能有对听众不尊重的语言动作和表情。发言要严格遵守会议组织者规定的时间。发言结束，要向听众致谢并欠身施礼。如参加小型的座谈会、研讨会，发言要简练，观点要明确，讨论问题，态度要友好，不要随便打断别人的发言。对不同意见，应求同存异，以理服人。不要嘲讽挖苦，人身攻击。

别人发言时不要打岔。如有问题可举手，经过会议主持人认可后再发言。

不可否认，开会有时很沉闷，但不要在大众面前打哈欠、频频看表、身体动来动去、把玩手上的笔或闭上眼睛等，这些都是很不礼貌的行为。

3. 会议结束后

会议结束后，商务管理师要按顺序离开会场，不要拥挤和横冲直撞。

4. 与会者的 12 个注意事项

参加任何会议都须遵守会议规范，成功、顺利的会议，是所有与会者共同合作的结果。以下是与会者应有的礼仪：

准时或早到会场均可，但千万不要迟到。任何人都不宜存有晚到是"重要人物"的虚荣心理，这样会影响议程的进行。若你是新人（会议新手），提早进入会场是有好处的，因为你可以向早到的与会者作自我介绍，联络感情；也可以多请教前辈，更深入会议内容，以提早进入状态。新人必须以友善且正式的方式将自己介绍给对方，如告诉对方你的姓名、代表公司或单位、负责部门等并出示名片。

会议若因某人迟到而延后，不要一个人坐在位子上干等或显得不耐烦，可适时与周围的与会人士交谈，聊些与主题相关的事或时下流行的话题。

到会场时态度应从容就绪，不要慌慌张张、一副对会议主旨摸不着头绪的样子。参加任何会议都最好事先将开会的目的、内容做一番深入了解，在开会时才能顺利进入状态。

开会时若需发言，到会场时应将报告的内容及资料再整理、过目一下，并且要求管理人员再测试一下视听设备，以便会议进行时的报告发言能顺利无阻。

如果要在会议中使用录音设备录音，应于事前征求主持人同意，否则不宜擅自录音。若要录像，宜在会议开始前就架设好设备，以免到时手忙脚乱。

除了指定的会议记录人员之外，与会者也可记下他人或自己的讨论及评论要点，以吸收别人的意见与经验。绝不要因无聊而打盹，也不宜随手在纸上任意涂写或玩弄纸笔，这些举动会给人留下不好的印象。

不可任意打断他人的发言，应等对方报告到一段落或结束时再提出问题，对于对方的论点有听不清楚或不明了的地方，可要求对方再进行说明。但无论任何发言，都应尊重议事规范，先举手等点名之后再说。

在会场上要轻松流利地表明自己的观点，尽可能避免紧张或词不达意。对于他人的见解如果不能认同，也应控制自己的情绪。暴躁式的否定是粗俗无礼的，你可轻轻摇头或在对方说完话之后，进行一番平静的评论，以显示不认同。面对着其他与会者发表意见时，要注意用字的准确度，"我"是代表个人，而"我们"则是代表公司、团体或某些人。

如果觉得自己表达能力不是很好或者容易紧张、害羞，可在事前将发言内容和意见写在纸上，请主持人或其他人代为发言，以免因发言条理不清或口齿不清而浪费大家的时间。

要清楚了解会议室内能否吸烟，并尽量不抽雪茄。

会场若供应饮料，宜用杯子喝，不可拿着罐子猛喝，避免有不雅的仪态。

散会后要祝贺主持人会议举办成功，并称赞与会者在会议中的表现及发言，以表示对会议的重视及肯定。

第二节　展销会

无论在贸易洽谈会上还是在正式会议上推销产品及服务，产品展示都是对公司的营销、广告、公共关系等活动的一种有力的延伸，从而使顾客、潜在的客户和公众对公司有一个广泛的了解。

作为商务管理师，有时需要为公司的展销会进行策划，有时也必须参加展销会，推广公司的产品，同时，随着公司对外贸易的发展，有时还需要到国外去参展。因此，有必要了解展销会的运作要求。

一、策划一次成功的展销会

从选择合适的展销会到制作并实施一整套展会营销计划，策划是取得成功非常关键的一步。从开始到结束，周到的计划通常要花费 6~9 个月，有时甚至是 1 年，因此要花点时间来学习以下建议以确保准确无误。

1. **选择合适的展销会**

每年在国内外都会举行成千上万的展销会，应该如何选择呢？

（1）了解展销会的类型

展销会的类型有：

①国际性展销会。在某一特定行业举行的这些大型活动能够吸引来

自世界各地的客商。这种展销会会给大家提供一个论坛,用来发布新产品、提供服务和讨论行业信息等。这种展销会能够吸引10%~20%的海外客商。

展销会的类型:
➢ 国际性展销会
➢ 国内展销会
➢ 地区展销会
➢ 地方性展销会

②国内展销会。这种展会主要目标是某一专业的买卖双方,能够吸引国内的顾客。通常,大批的与会者从方圆200~400公里的地方赶到展会现场。

③地区展销会。在特定地区组织的这些展会,能吸引来自周边100~200公里的参观者。省际展销会就包括在此范畴内。许多此类展会对公众开放。

④地方性展销会。这种展会吸引了邻近地区的参观者,对公众开放,用于交易,也包括一些消费者活动,如收藏展、船展等,会吸引许多当地人。

(2)慎重选择合适的展销会

商务管理师需要根据目的慎重地选择合适的展销会。在选定适合企业的展销会类型时要仔细思考以下问题:

①这种展会如何能够很好地满足本公司的营销需求?

②展会日期方便与否?

③在这段时间里是否还另有安排?

④展会地点是否方便?

⑤参加展会的人将有多少属于本公司的目标市场?

⑥参加展会的人有多少是本公司服务的主要对象?

⑦展销服务商采取哪些措施来宣传这一展会?

⑧这样的展会过去的成功率是多少?

⑨有哪些竞争对手在这次展会上展销产品?

⑩本公司希望在这次展会上的投资回报率是多少?

> **提醒您**
>
> 决定参展之前可以参观一下这类展会，然后决定参加展会是否合适。

2. 制定展销会营销策略

为了使展销会成为本公司整体营销运作中的一个强有力的方面，就要确保两者之间的关联性。展销会不应该是一个孤立的冒险行动，而是本公司整个营销计划中的一个重要组成部分，应该制定出短期和长期目标。

以下问题的答案构成了企业展会营销策略的基础。每次在决定参加展会之前宜先考虑以下问题：

（1）展销会有哪些地方适合本公司的营销策略

检查一下本公司目前的市场营销计划，想想如何才能好好利用展会，看看自己想完成哪些事情。

①企业想在现有市场内增加现有产品或服务吗？

②企业想把现有的产品或服务投入到新的市场中去吗？

③企业想把新产品或服务投入到现有市场中去吗？

④企业想把新产品或服务投入到新市场中去吗？

（2）公司展销会要达到什么样的目标

和你着手进行的任何项目一样，你需要知道展销的理由。你可以问问自己通过展会想取得什么成就。展会的目标或目的是整个展销会的根本。明确在展销会中要取得哪些成就，有助于你计划好方方面面（主题、展台设计及布局、标志、产品布置、小奖品、宣传册等）。制定展会目标可以补充公司的营销目标，且有助于把它们变为现实。

为每一次展会制定一些具体的、可衡量的目标，以便你能够对所期望的结果做到胸有成竹，但是，一定要切合实际。你制定的具体目标则是衡量结果的尺度。参加展会的公司是为了：

①增加销售额。

②多接订单。

③发布新产品及服务。

④投射公司形象。

⑤教育目标客户。

⑥吸收更多商家或销售商。

⑦进行市场调查。

设定目标时,确保其是否够量,以便你能够在会后衡量其有效性。这里有一个数量合格的例子:收集100份合格的用户信息卡,会后3个月之内售出价值10万美元的产品或服务。

(3)你的公司想要展出什么

公司的目标决定需要展出的产品及服务。例如,如果计划要进行新产品或新服务发布,展品就需要集中在新产品上。

比如,拥有几条生产线的公司想要展示一整套的产品,这样做不但会显示出他们缺乏具体的计划,而且会使参观者迷惑不解,因为他们弄不明白该公司到底想卖什么东西。

(4)谁是目标顾客

在展会营销策略方面,一个非常关键的因素是明确以下哪些人员会对公司的产品及服务最感兴趣:

①目前的客户:目前正和你做买卖的人。

②技术人员:那些对公司产品或服务技术方面的信息感兴趣的人。

③制造商:制造产品且能够从公司的产品中受益的人。

④专业设计人员:指导人们根据某种产品或服务制造出另一种产品的人。

⑤供应商:指那些为公司提供产品或服务的人。

⑥消费者:指那些使用公司产品或服务的人。

⑦影响者:影响其他人购买的人。

⑧顾问:给他人提供关于某种产品或服务的建议的人。

一定要花时间去考虑哪一组是你的目标,这会对你的宣传工作有重大指导意义。

(5)企业的展销预算怎样

试想没有一笔客观的预算,你会怎么办?为一次展销会做预算很困难,尤其是你没有以前的经验做参考时。不同的展销会要求也不一样,你的预算也会大不相同。

相 关 知 识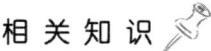

展销会款项支出项目及比例

根据商业展销会调查，展销会款项支出如下表所示：

序号	项目	比例
1	场地	29%
2	展览设计	16%
3	展会服务	17%
4	车旅费	13%
5	海运费	12%
6	广告、宣传等活动费	12%
7	其他	1%

3. 阅读展销会手册

展销会手册或展会服务说明书是展销会进行管理的"指南"——就展会的方方面面做了详尽的指导，因此这本小册子非常关键，商务管理师一定要仔细阅读。通常，在展厅登记过后，你就会得到一本小册子。这本小册子上提供的一些基本信息对展销的成功与否至关重要。而且，它会使你琐事减少，压力减轻，资金节省。你的任务就是把这本小册子从头读至尾，慢慢消化。

每个展会都会有不同于其他展会的条例规则，且以不同的文本呈现。其中一些读起来较容易，另一些则较难。然而，你需要知道的关于展会的一切信息都写在这本小册子上了——展会安排、合同信息、登记、服务申请表、用电服务、场地安排、展品规格、海运及货运服务、住房信息、广告和宣传等。所以，为了简化这一过程，许多展会承办商会在网站上邮寄要求表和其他材料。

> **提醒您**
>
> 阅读展会手册时，要特别注意截止日期，并严格遵守。因为在展会上的任何服务都需要收费，如果你提前预订，通常收费价格会高出 10%~20%。通常在截止日期之前要求的服务包括用电服务、展品的包装等。

4. 决定场地及展览需要

展销策划中很重要的一部分是需要知道用多大的地方来摆放展品。这就好比是先买一块地，然后再在上面建一所房子。两者的区别就是在展销会上你所做的一切都是临时的。

（1）计算出你所需的场地

在决定需要多大场地时，应该先想想你的目标，更重要的是考虑一下你的预算。一些企业会首先考虑其在市场中的规模，然后再相应地租用展会场地。

展位一般分为标准展位和特装展位两大类，标准展会场地一般以9平方米的倍数售出，最小场所为3米×3米。特装展位价格是以平方米计算的，一般是27平米起。展销会越大就会越有影响力，每平方米的价格就会越高。

展品同样会影响你需要的空间的大小。如果打算展示一种大型设备，还要为演示者和参观者留出足够的空间。

（2）为你的场地定位

每个公司都想在展会上得到理想的位置。但是，展销会各不相同，最佳位置也会因公司不同而有异。

①指导原则。一个指导原则是把位置选在入口的右侧或展销大厅的中央。调查表明展销大厅的右方和中央最能吸引人们。如果你计划参加的展销会每年都在同一地点举行，研究一下人员流动的模式，然后选择下一年的场所。

②了解展会的布局。作出决定之前，应和展会管理部门商讨一下展会的布局，了解一下哪些地方最具吸引力，行业的领导者位于何方，你的竞争对手又在哪里。然后决定和他们的距离。有些公司展示的设备噪

声很大,或其产品对人们有着巨大的吸引力,你应该避免和这样的公司做邻居——他们会吸引走你展台前的参观者。同样,你应该远离黑暗、不光亮的地方或死胡同。最后,避免把展台设在厕所附近。

③查看展览室平面图。使用放大镜,慎重对待平面图上的每一个标记。看起来像一粒灰尘的小黑点,可能是一根圆柱。一条横线可能就是低低的天花板。在预订场地前,你要对平面图做到心中有数,不要随随便便。

(3) 选择展销方式

目前市场上有很多展销方式,大体上分为两种:便携式展销方式和传统式展销方式。

①便携式展销方式。标准的便携式展销方式包括以下几种:

序号	种类	特征
1	放在桌面上展销	把产品放在6~8张桌子上用于展示。这种展销方式易于搬运,通常也是最便宜的一种展销
2	模块式展销	这些设计的模块可以互换。例如,若整个展销分6个模块,这些模块在展厅里分成几个组合,以适应场地或做成不同的外观
3	面板式展销	此系统由连锁、大功率面板组成,用于展示商品
4	图示面板式展销	此系统和面板展销相似。只不过面板通常图示较大,不能用于盛放商品
5	自动式展销	此系统出自海运集装箱,采用自动式是为了便于安装

②传统式展销方式。与便携式展销相比,传统式展销在商品展示和服务方面的设计更能引起轰动,因此需要的资金也就会更多。一般来说,展销资金的50%要用在展览的硬件方面(装置和附件上),另50%用于图示。

(4) 展厅设计的考虑因素

①设计要体现公司参展的目的。在展厅里,企业的展销必须明确表述是一家什么样的公司,公司是做什么的,公司是怎样做的。公司展销是为了招揽顾客以便能够达到营销目的。除了要设计一个宽敞、友好、

受人欢迎的场地外,还应该有一个重点,能提供关键信息,告诉人们他们为什么考虑应该和你们做买卖。人们想知道这对他们有什么好处。

②企业想展示的形象。另一个需要考虑的重要因素是企业想展示的形象。例如,你想人们怎样评价你的公司?是高科技、现代、时尚、传统,还是花里胡哨?你的展台如何设计才会展示相应的形象?展台的颜色和包装的质量应该和你公司的形象互为补充。可以用灯光来强调展出的产品,营造出一种氛围;也可以使用特殊效果来抓住参观者的注意力,如移动的物体、音响、魔术师、机器人、模特、条幅等。时刻牢记一切都是为了公司形象。

③图示的设计。至于图示,要想方设法使它变得生动有趣,可以做得和实际一般大,也可以再大点儿,这样更能吸引人的注意力。为了吸引买家,你只要强调一点,一定要简明扼要,并且要使用动感词汇。另外可以采用公司的 LOGO 来表明身份。

提醒您

不要把图示一事拖到最后一刻,因为众多的订单、不断的修改、超时的费用到最后会使你手忙脚乱。策划图示要有充足的时间,至少在展销前 3~6 周就开始,只有这样,相关的工作人员才不会有太大压力,也可以避免在时间的压力下犯错误。

④花草的配备。花草可以使单调无生气的展销变得生气盎然且丰富多彩,同时花草也会衬托图示,把电线隐藏起来,给周围的环境增加一些生气。使用绢制花草要好于使用真的花草,因为它们可以重复使用。

5. 宣传企业的展销

展销会管理人员只负责向合适的人群宣传展会,对于参会的展销商他们也提供交通工具。但是,参观者在展会上做什么,到哪里去,却不在展会管理人员的控制之下。展销商有责任告诉参观者你们在展

宣传企业的展销步骤:
➢ 制订宣传计划
➢ 确定宣传计划
➢ 创造令人难忘的风格
➢ 仔细选择宣传工具

销什么,你们的展销处又在何方,你也应该告诉他们去参观你的产品的理由。

展销会调查显示,76%的参观者都是有备而来的。如果他们不知道你在展销,那么他们找到你的机会将会十分渺茫,尤其是在大型展会上。所以,宣传展销便成为展销成功的一个重要因素。

(1) 制订宣传计划

为了制订一个高效的宣传计划,有三个基本问题你需要考虑:

①你怎样计划才能使人们记住你的公司、产品及服务?

②采用哪些策略可以取得成功且可以衡量的结果?

③怎样才能合理地分配你的预算?

问题的关键不是你该花掉多少钱而是你怎样去花钱。宣传应该包括以下几点:

①把有希望成为顾客的人吸引到自己的展台前来。

②鼓励个人交往,用有趣的游戏吸引参观者。

③加强人们对于你的产品、服务及信息的正面记忆。

(2) 确定宣传计划

营销中非常关键的一部分是在展前、展中和展后进行宣传。大多数展销商都缺乏这三方面的计划。当然,决定哪些宣传活动及这些活动要花多少钱,取决于你的预算。

①锁定宣传目标。展前宣传成功的关键是锁定目标——那些真正想走近你的展台、想获取多一点的信息、想和你做买卖的人。展前宣传的形式很多,比较明确的方案是以不同的参观者为目标,如下表所示:

序号	客户类型	特征
1	主要客户	这组客户非常重要,占你业务量的大多数,大约是80%
2	其他客户	这组客户购买你的东西,但并非只与你的公司有业务上的往来,这就意味着你还有机会争取他们更多的业务

续表

序号	客户类型	特征
3	有希望成为你的客户的	这组人应该列在名单的首要位置。他们购买公司的产品只是个时间问题
4	其他有希望成为你客户的	如果公司肯把时间花在这一部分人身上,他们肯定会乐于买公司的东西

没有一个营销计划是适合所有情况的。所以,你需要认真考察每一类客户,然后再决定怎样才能把你的信息更好地传达给他们。

②明白参观者的需求。宣传策划成功的关键是明白参观者的需求。人们走进零售店的第一原因是商店里有他们所需要的物品,他们参观你的展览的第一个原因与进零售店也没什么不同。

相关知识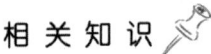

参观者的需求

参观者在展销会上寻求的信息如下:

1. 信息

人们去参观展销会的一个重要目的是要发现最新信息。他们热切地想知道有关的最新技术、最新应用及什么东西能够帮他们省钱、省时。所以,要提供给他们一些这样的东西。即使企业没有新技术或新服务要推荐,那么也要从一个新的角度来宣传企业的产品或服务。

2. 指导

潜在购买者需要的是指导和建议。企业应该在这方面来表现,展示一下企业的专业知识及具体的产品和服务,这样会使那些摇摆不定的购买者与企业合作。

3. 教育

大多数人参观展销会是为了自身的发展,其中有些人对改善他们工作的一切都感兴趣。所以,一有机会,就给这些参观者讲一讲。这样做可以增加企业在展会上的可信度,表明企业的兴趣不仅仅是销售产品和服务。

4. 帮助

人们在工作当中会遇到各种各样的挑战,他们希望能够得到帮助。他们来到展销会的目的,就是为了找到理解并能帮他们解决问题的人或公司。这些参观者在寻找能帮他们解决工作中的问题或挑战新问题的方法。如果企业做得非常出色,企业的产品及服务正是他们希望和需要的。

(3) 创造令人难忘的风格

当你准备去打一场宣传仗的时候,也许你想创造出独一无二的风格,使公司在市场中别具一格。为了设计这样的风格,请询问自己以下三个问题:

①公司展示的是什么东西?为什么那样迷人、那样热门又是那么的与众不同,以至于人们都蜂拥到你的展台前,争着和你做买卖?

②公司采取哪些措施使自己强于竞争对手?

③公司为购买者提供的哪些东西有实际价值?如优异的质量保证、快捷运送、最低价格等。

(4) 仔细选择宣传工具

使用的宣传工具一定要反映你自己的风格并代表公司的最好形象。

相 关 知 识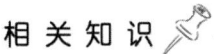

展会宣传工具

1. 个人请柬

当你想邀请一个特殊群体(例如主要客户及潜在客户)时,可以采取这种方式。如果是公司高层管理人员发出这些请柬,那会更具影响力。展销会管理人员经常会提供贵宾卡或打折的门票,可以随请柬奉送。

2. 打电话

会前采用这种方式和有望成为你客户的人定好时间,参观你的展览。只要人们答应在定好的时间内去参观,一般不会食言。你可以采用电话营销这种方式，也可以结合使用请柬。

3. 直接写信

在展销商采用的各种宣传手段中，直接写信最常用，类型也最多，其中包括明信片、信函、传真及电子邮件等。采用这种方式，目标要明确，一定要建立在展会的目标及目的之上。要给参观者一个很好的理由。展厅里满是令人神往的产品，加上时间的限制，人们需要一个动机去参观你的展销。例如，他们也许会为了参加一次比赛、领一件小礼物或看一次观摩去参观你的展销。

4. 做广告

做广告是宣传工具中非常重要的一个策略，目的是为了让人们知道你的公司参展了。你的宣传预算和展销目标决定了你的广告。预算决定你能支付的广告形式，广告目标则取决于你的展销目标。下面列出了适合在展前、展中做广告的媒体。

（1）展前适合做广告的媒体有：行业出版物、协会业务简报、地方出版物、广告牌、地方广播台或电视台、交通广告、展销网站（如头条广告）、公司网站等。

（2）展中适合做广告的媒体有：展会节目单、展会每日出版物、城市广告牌、出租车、气球、宾馆——在门上或门下放的宣传品、电视、机场广告牌、电子信息板、公用电话亭、广告牌、展厅的电子信息板等。

5. 公共关系

公共关系是给参展商提供的最重要的机会之一。这种方法成本低利润高，可以成功地为企业招来大批询问者，同时也可以提高企业的销售额。精明的展会组织者知道展前、展中和展后扩大影响的重要性，他们通常会与行业中人、商业人士和当地媒体建立一种双方互利的关系。

具体操作如下：

（1）展销前：请展销会管理人员给你列出一份全面的传媒表，上面包括姓名、地址、当地出版社、广播电台和电视台的电话号码。运用这个表，联系媒体代表，看看你能提供什么样的信息以便提高知名度。另外也问问展销会管理人员他们在展会上是如何安排媒体的。弄清楚哪家出版社计划出版有关展会的信息及发行日期。

有些商业刊物提前几个月就会开始行动。要准备好新闻材料，因为编辑只会对那些及时的、有价值的信息感兴趣，如行业动向、统计数字、新技术或新产品信息。可以做一些有趣的小秘诀或小策略，采纳有用的建议及编写充满人性的故事，另外包括即将到会参观的名人等。

（2）展销中：在办公室里储备你的新闻材料。在展销中准备一些材料，以便有媒体人员经过时递送。要确保企业的展台前一直有媒体发言人在场，即使是在午餐时间。随时准备用一种易于理解的非专业方式解释你的产品及其重要性。

询问展销会管理人员何时安排有演示会、讨论会或现场观摩会。在公司里找一名口才好的人，能够清楚而连贯地阐述行业的话题，这时你的公司及发言人都会被认为是这个行业的专家。许多大型展会在活动前的几个月里就要求参展者提交发言纲要。交上你公司的发言材料，每页纸上务必标清楚公司的联系信息，内附一张纸说明公司的情况。在会展期间，应提供一些免费的东西，参观者可以在你的展摊前自由拿取，比如演讲稿、有关自己行业的特别报道、清单等。

（3）展销后：会后新闻发布会应当发布最新动向、统计数字、有价值的重要信息或展销会上的订单等。以你的观察为基础，做一个实事求是的报道，免费送给那些有反馈信息且有望成为你客户的人。

6．赞助

展销会常见具有宣传性质的赞助包括新闻室、休息室、演讲人或贵宾休息室、接待处、培训方案、旗帜、视听设备、展示用的计算机、购物袋、交通工具、餐巾及水杯等。

7．网络

现在许多展销会组织者给参观者提供参加虚拟展销会的机会。这种虚拟的展会就是展会在网络上的替代品。参观者可以先预览一下虚拟的展会，看看他们想到哪里去，想参观哪个展摊，然后再进行实地参观，这样可以节省不少时间和精力。对于那些不能参加而又特别希望参加展会的人来说，这种虚拟的展会满足了他们的愿望，他们可以随时参观，用不着登记，也不用花车旅费。

可以用这种虚拟展会调查广告和赞助情况，你的客户会迅速增加。另外，看看有没有可能把虚拟展会链接在公司的网站上，可以使公司有更多机会出售产品及服务。

8. 有效使用赠品

鼓励参观者来参观展销的一个办法就是提供赠品。赠品要设计得能够增强印象、加强交流且目的性强，能够促进宣传，提高公司的知名度。设计一件具有轰动效应的赠品需要思考和创新。设计时要充分考虑顾客的需求：什么东西能够帮他们把工作做得更好？有哪些工作他们做不了？哪些与产品或服务有关？

准备不同的礼物送给不同的客人。利用网络为参观者收集重要信息，例如当他们参观展会时为其提供一份执行报告。可以通过两种方式来提供赠品：作为参与现场演示、演讲或比赛的奖品及纪念，或者是作为一种酬谢，感谢那些提供给你详尽信息的参观者们。

9. 明智分发附带材料

在展会上常常会有这样的现象：一些参观者一路走来，手里拎着大包小包，里面装满了各式宣传单和材料（又称为附带材料）。这时候，人们有这样一种想法——凡是送到手边的东西一律带走，能拿什么就拿什么，管它以后看不看呢？

根据展销会调查研究，展会上所收集的超过 66% 的印刷品在参观者离开之前就被扔掉了。为了杜绝这种浪费，应注意：

（1）切勿散发昂贵物品。如果搞不准客户是否保留你所散发的物品，就不要轻易把珍贵的东西散发出去。如果你不希望客人空手而归，那就给他们一些廉价货。这样，即使以后来客将其丢掉或生产仿制品与你竞争，你也用不着为其操心了。

（2）主动提供信息。许多客户会因你主动为他们提供信息而感激不已，这样他们不用费力就将多余的材料拖出去并找地方存放了。但是，如果你承诺给对方邮寄信息，请务必迅速邮寄，否则你的竞争对手就会抢先。对于抢手的顾客最好考虑使用快递服务。

(3) 有选择性地提供材料。除非你想把材料送得越多越好，不然就要有选择地送给那些合格的客户（那些对你的产品或服务表现出浓厚兴趣的参观者）。这样你就不会把珍贵的信息误送给那些有可能将它抛弃的人或泄露给竞争对手。

(4) 牢记宣传品是非卖品。展销人员经常会不停地散发宣传品，并自认为他们的做法很有价值。但是，滥发宣传品并不利于和客户进行一些有意义的交流。可以考虑散发一些介绍公司产品或业务的光盘，人们一般不会轻易扔掉这些东西。

6. 配备展销员

展销成功至关重要的一点是为展销配备的展销员。公司的形象不会止于一个精心设计的摊位、别致的广告或给人印象深刻的宣传品。当然，这些东西有一定的帮助，但实际上是企业员工在推销公司及其产品、服务。所以，所选的那些展销员就是企业的大使，他们肩负的责任重大。他们是否能和与会者、未来的客户、现在的主顾搞好关系，关系到公司的成败。他们的态度、形体语言、外表和学识都会对公司形象有较大影响。

> **提醒您**
>
> 大约85%的来宾对展销的印象取决于展销会上工作人员的态度和行为。最后的决定大约有80%会受到摊位上交流的影响。这些数字更加强调了展销人员在展销会上所扮演角色的重要性。

鉴于展销人员所起的重要作用，最好专门找时间来训练和提高展销员的素质——特定的技巧对于他们的工作极其关键。

(1) 挑选合适的团队

鉴于展销员所扮演的重要角色，挑选合适人员作为代表需要精心考虑。挑选队员应建立在他们是否对公司的产品及服务了如指掌。

相关知识

PEOPLE 模式

PEOPLE 模式可以帮你很容易地作出决定：

P——代表有人缘的员工。一般来说，他们喜欢和各种各样的人交流。他们好交际且待人友善，喜欢和别人建立友好关系，是优秀的团队协作者。

E——代表有热情、有朝气的员工。这部分人可以作为自己公司的代表。他们对自己和所代表的公司持肯定态度。他们的激情和热忱极富感染力，从而有利于销售的进行。

O——代表企业所需要的观察者。在产品展销会上组织的所有活动中，展销人员必须具备能够观察出各种异样之举和肢体语言的能力。

P——代表员工应具备良好的有关产品的专业知识。他们需要这些知识以便按客户的要求提供合适的产品及服务。一般来说，展销员只需要 3~5 分钟就能给顾客留下印象。展销会不适合新手参加，公司的新员工往往弄不清楚客户说的都是什么。

L——代表展销员必须是一名优秀的听众。交谈中，参观者经常会露出他们有兴趣购买的口风。展销员需要将 100% 的注意力集中在这些来访者身上，巧妙地问一些问题，注意对方的回答。

E——代表展销员需有体谅他人的性格。这样他们就能够设身处地为参观者着想，对参观者表示理解、感激，并且想办法及时解决参观者要求及关心的问题。

(2) 组团参展

为即将到来的展销会组团是非常关键的。展会前，组织一次会议，讨论一下下面的问题。

①回顾参展的理由。解释说明公司参展的目的及企业想通过此次展会取得的效果。利用这个时间将公司展销的目的及目标告知员工。

②温习展品。让企业的展销队伍知道计划展销的产品及其服务。例如，如果展销员们都希望企业展销二号产品，就不要展销三号，展销人员有可能不熟悉这种型号的产品。另外，如果企业想举办各种活动，一定要让员工们知道。

③让展销团队知道企业对他们的期望。鼓励员工在展销总体目标的基础上树立自己的目标。每名展销员都应该至少有一个个人目标。制订个人目标，可以使展销员增强主人翁责任感，改掉懒散的毛病。参加展销工作的员工也需要知道，根据每天的安排要求他们做什么。例如，企业希望他们和多少客户交流，希望他们得到什么样的信息等。

> 提醒您
>
> 要向参加展销的员工强调，一定要抛开消极态度。如果展销员在展销时怀着消极态度，他们的肢体语言就会传递给周围的人他们的想法——"这是一个既没用又不重要的活动"。要提醒他们每一个人都是公司的使者。如果他们乐于助人、谦恭有礼，就会提升公司形象，赢得新的客户。提醒员工不要在展位上吃东西、嚼口香糖、闲聊、读报和打电话。

④告诉员工如何达到企业的要求。企业的展销员也许需要专业方面的训练，才能更加有效地进行展会工作。例如，他们需要知道如何演示展销产品和满足客户需要。

7. 召开展会前的会议

在展会前的会议上，要和展销员讨论展会上的四个步骤：

（1）吸引来宾

欢迎并感谢参观你展位的顾客。用微笑、眼神交流及握手等方式营造一种融洽的气氛，从一开始就给对方留下美好印象，再问他们

展会上的四个步骤：
➢ 吸引来宾
➢ 衡量来宾
➢ 展示产品
➢ 接待结束

一些问题，用"谁、什么、哪里、什么时候、为什么、如何"等问题

开头，然后再转到你的产品及服务上来，以及你的产品将给他们带来的若干好处等。

（2）衡量来宾

这一步主要是看参观者是否真的有兴趣购买企业的产品。继续问他们问题，以便弄清楚参观者对企业产品或服务的兴趣如何，可以问问他们是怎样作出决定的（是谁影响他们来购买本公司的产品的），探问一下他们的购买时间和准备花多少钱。

提醒你的团队注意 80/20 定律——用 80% 的时间倾听参观者说话，用 20% 的时间谈话。要努力去发现他们的需求，以便能够更好地给他们提出你的方案。

（3）展示产品

有了通过第二步获得的信息之后，就可以对顾客的问题提出解决方案了，向顾客演示新生产线或为他们提供新技术的应用。千万不要想当然地认为顾客什么都知道。

（4）接待结束

在和顾客的谈话中，把参观者的有关信息记录在用户信息卡上，以便展销会后采取行动。回答参观者的所有问题，然后给他们承诺，这样可以使参观者在企业的后续活动中对企业的产品或服务表现出浓厚的兴趣。例如，可以给他们留下公司销售代表的电话，或者送他们一份时价表。最后，要握手道别，感谢他们的光临。如果准备有小礼品的话，可以送给他们表示感谢。送走客人后，在信息卡上把他的信息记录下来，然后准备好接待下一位参观者。

8. 保持展销队伍的积极性

为公司展销选择合适的展销员很困难，如何调动这个展销队伍的积极性更是一种挑战，特别是在一天的展销即将结束或展销会的最后几个小时内（这正是那些真正购买者的黄金时刻）。下面几点建议可以用来调动员工的积极性。

（1）选择那些自愿去当展员的员工

让一个人在展会上工作积极的关键因素很简单：这些展销员应该是自愿的。有些员工去参展，是管理人员叫他们去展会工作，而非他们心甘情愿。如果让他们选择，他们宁愿待在家里。

（2）得到管理层的支持

高层管理人员支持公司的展销活动时，应该身体力行。可以参加展会，在展位上帮忙，参与培训活动及展前、展后的活动，以显示他们对展销的充分关注。这样，他们的热情就会感染普通的员工。

（3）创造积极的氛围

可以采取各种形式奖励那些在展会上取得优异成绩的人，如完成销售额的、接到新订单的、客户信息卡收集数量多的。奖励可以采取个人感谢信的形式或物质奖励。这种赏识和感谢有助于在展会上营造出一种积极、有趣并富有成效的氛围。

考虑建立最佳展销员奖。请展销团队根据个人表现选出一名合格人选。如果需要，可以每天选出一名最佳展销员。

（4）树立团队精神

在展会上工作的每一名员工都应该尽力去帮助别人解决困难。如果展销队伍庞大，可以把他们分成若干小组，让技术人员和销售人员并肩工作。鼓励他们制订自己的展销计划，这样做有利于在小组内部形成一种自发性。作为一个团队，他们需要展前相互熟悉，建立一种信任感，掌握每个人的强项和专长所在。

考虑外聘一名顾问为团队输入一种崭新的活力。也可以请顾问进行展前培训，以便使每个人都清楚自己在展会上的任务，只有这样才能够取得最佳成绩。

（5）每天进行工作回顾

每天的工作结束时，召开一次简短会议回顾当天的工作。鼓励全体队员都参加，目的是发现不足，改正错误，以便第二天能够做得更好。商务管理师应该对每个人所取得的成就做到心中有数，以便在小组内部提出表扬。

9. 保证展销会富有成效

很明显，在展会上做的事对企业的成功很重要，但是，展会结束后所做的事也同样重要。如果想让公司真正从展销会所付出的辛苦劳动中受益，必须保证会后进行合适的后续活动。

（1）合理利用展会信息卡

公司在展会后所面临的一项棘手的工作是统计并处理在展会上收集的卡片。卡片往往被送到销售部门，至于结果如何，就不得而知了。因此，展销会开得如何，投资回报情况又是怎样，就很难衡量了。

保证展销会富有成效：
➢ 合理利用展会信息卡
➢ 制订下一步方案
➢ 信息追踪
➢ 实行销售人员负责制
➢ 结果测算

通常，销售部门对在展销会上收集的信息卡反映很冷淡，因为大家普遍认为这些卡片没有什么实际内容——它们只是冷冰冰的商业卡片，销售人员需要有用的信息来制定下一步的方案，他们需要的是有价值的信息。

要把信息卡转化成为一种销售力量。展会参加人数越多，企业受益就会越大。要弄清楚这一点，需要知道在展会上所取得的成绩。所以，应该为每一次展会制定一些具体的目标，这些目标一定要切合实际，要和公司的整个营销目标一致。

制定目标时，要和全体展销人员一同制定，这样做可以增强他们对展销的责任感，提高他们参与的热情。具体目标就是衡量所取得的结果的标尺。目标必须是可测量的，以便衡量展会的成功度。

展会前，需要花时间去了解卡片收集过程。向销售员解释收集到的卡片的重要性，说服他们不要束之高阁。确定每一个人都能正确使用卡片及操作读卡器——一种高科技卡片管理系统，许多展销会承办商都会为展销商提供这种读卡器（注册时，每个参观者都会拿到一个带计算机芯片、磁条或条形码的卡片。注册信息收集于此，包括参观者的基本信息：姓名、公司、地址、电话、传真或其他资料）。

（2）制定下一步方案

制定下一步方案的最佳时机是在展销会前。考虑在展会上选择一名展员负责在一天的活动结束后收集热点卡片，并在当晚传回总部进行分析。委任一名公司员工作为后续工作的经理。此人不需参加展会，只要负责执行在展前就已制订好的下一步计划即可。

送东西——信件、电子邮件或传真——给每个走过你展位的人。此举用来对他们表示感谢,让他们知道他们可以再次接到公司发出的信息。不管采用哪种方案,都要及时行动,例如展后的3~5天内。如果行动不迅速,竞争对手就会捷足先登。

(3) 信息追踪

鼓励销售人员记录好在展会上收集的所有信息,以便知道哪位参观者对本公司的产品及服务最感兴趣。你所收集到的信息卡信息都需送交合同管理中心处理。除了每个参观者的基本信息外,还需要收集记录在信息卡上的以及销售人员记录的有关参观者的详细信息。

(4) 实行销售人员负责制

信息卡是非常有价值的商品。展销员花费了大量的时间和精力去收集它们,所以一张都不应该浪费。因此,要求销售人员必须对他们领到的每一张信息卡负责。

要求每位销售员在规定的时间内交上一份书面的信息卡情况进展报告,然后把它们存入数据库,以便能够随时掌握销售状况,此数据库也可以为你提供一个评价展会投资收益情况的参考。

(5) 结果测算

掌握信息卡上的信息,可以直接衡量参加展销会的销售额。记录下来的数据能够计算投资收益,并可以向管理层提供一个参加展会的最终效果。其他重要信息包括参观者的类型、参观的日期、感兴趣的产品及服务、购买意向、展前宣传活动的结果等。

展会成功的关键在于信息卡的管理。必须首先明确你想达到什么目标,建立一个有利于消费者的策略。最后,采取能保证赢利的后续方案。稍具远见和预见性,结果就会令人满意。

二、展示产品

充分利用商品展销会来推销自己的产品——为自己的销售员收集有用信息,同时也是为了收集竞争产品的有关数据。一方面,你得学会成为一名精明的展销商;另一方面,你得学着做一名侦探。你对竞争对手和顾客需求了解越深,就越能使自己的产品和服务出类拔萃,与众不同。

1. 建立用户信息卡

建立一张面向用户的磁卡,用来记录对售后跟踪服务有用的信息,并且提供附加的市场信息数据,如产品的受欢迎程度、购买对象、款项、运送时间等。然后与展销会组织部门的服务商共同完成表格。

信息卡

展销会名称:	展出日期:
顾客姓名:	
头衔:	
公司:	
地址:	
城市:　　　　　区:　　　　　邮编:	
需解决/仍存在的问题:	
顾客手中的产品/享用的服务:	
顾客感兴趣的产品或服务:□产品 A　产品 B　□产品 C	
需求数目:	
兴趣等级:□优　□良　□一般　□差　□说不定	
决策方式:□个人决策　□团体决策　□委员会决策　□无　□其他	
购买时间:□立即　□1 个月　□2 个月　□3 个月　□6 个月　□其他	
意见/备注:	
展位代表:	

表格可在展销会期间完成,也可在展销会后几周内完成,这要取决于服务商。你要找时间和服务商谈谈,看看他们能给你提供什么样的帮助。

2. 现场演示吸引顾客

对商品展销会的调查显示:现场演示是继展位规模和产品受欢迎程度之后使人们记住产品的第三大重要因素。诸如舞台化的产品展示、剧场式演出、魔术表演、游戏、舞蹈、电视片、录音、机器人、演唱等多种形式的现场表演,都可以吸引大量的观众到你的展台前。展销成功的关键就是应用这一有利的促销方式来使你的展销更加完善,让顾客主动

了解你的公司及产品。如何使展销成功,请参照以下几条:

第一,要清楚怎样演示有助于自己达到目标。

第二,想象一下自己的观众,以及公司想给他们留下什么印象。

第三,举办一系列的宣传活动以确保会有人来观看自己的演示。

第四,想方设法让自己的员工加入到演示中来,自己可以让他们帮忙吸引顾客。

第五,从观众那里收集与产品有关的信息。

第六,明确对成功的评价。在展销前,选定一个用来评定展销是否成功的标准:例如是根据来参观的人数的多少来评定展销会是否成功,还是根据发放的用户信息卡的数量的多少?

3. 设宴款待:设立展销会套间

设宴款待顾客是一种有着神奇效果的营销策略。提供食物可以吸引顾客,同时也可以使他们对你的产品及服务发生兴趣。展销套间作为展销大厅的补充,可以为公司提供充足的时间赢得希望、顾客、批发商及媒体,同时也可以避开竞争对手的耳目。这种方式可以为企业创造良好的机会,给顾客留下良好的印象。

以下几点可以帮助你更好地利用这一有利的营销工具。

(1) 做好后勤服务

为了达到最佳展销效果,在设定总体展销目标的基础上,再为展销会套间制订一些具体目标:如推销新产品、深入讲解产品、讲解一些产品的新用法。印制传单,可以在展销会前发放或展销时在自己的展台前发放。

广泛地向顾客强调展销的重要性。顾客的反馈信息可以帮助你更好地计划这一活动。

从你的预期顾客的角度着想,你可以将会议中心、附近宾馆或其他方便之所的一些空间作为展销套间。如果你选的地方离得较远,要考虑好交通问题。不管你把套间选在哪里,都要保证公司的产品及服务到位。准备好小册子或其他加强展品信息的宣传材料,以便客人带走。

为自己想突出的形象特制一个菜单,例如提供方便食品可以由侍者服务,也可以不让侍者服务,或者提供自助餐。考虑一下预算,是否只提供软饮料、啤酒或葡萄酒。

考虑桌椅是否有必要。人们往往在站着的时候更易于交流。如果你的计划中包括长时间或正式的介绍，最好还是让客人坐着。

为了创造一种和谐氛围，可以准备点背景音乐、现场演奏及录音等。给每位客人发放一张标有所在公司的小标签也有助于创造气氛，这可以使客人感到放松。

（2）选择套间服务员

为那些有朝气、有热情、积极向上、善于交流的员工提供套间服务。告诉他们套间的目的以及他们应该完成的工作。

鼓励员工信心十足地和顾客握手，并作简短的自我介绍，包括姓名、在公司里的职位等情况。要求员工抓住一切机会和顾客进行交流，时间不超过8～10分钟。指定不同的员工为不同的客人服务。这样做的目的是进行更深入的了解，以获取更多信息，并可以加强同顾客的关系。建议员工准备好一些闲聊的话题，以防到时候无话可说。

提醒员工注意语言之外的其他交流方式，例如要同客人进行目光交流、微笑待客、举止大方，不要双臂抱在胸前等。提醒员工要用合理的方式进行介绍——把一个年轻人介绍给一位长者，把自己公司的同龄人介绍给其他公司的同龄人，把自己的同事介绍给顾客。杜绝员工坐着聊天，讲一些不合时宜的笑话，酗酒，抽烟，占用顾客时间，大发牢骚等现象。

一切都结束后，向领导作简短汇报并进行自我评价。

（3）是否统一服饰

如果服饰与你想表达的主题或展示的形象一致，而且你又有一定资金的话，一定要为你的展销员们准备好工作服饰。这样会使你的团队着装统一，方便顾客找到合适的谈话对象。

如果统一着装的话，你的员工就应该非常清楚自己这时还承担着额外的责任。他们已经成为公司的流动广告牌，无论走到哪里，人们都会知道他们属于哪家公司。所以，他们应该时时留意，处处小心，谨言慎行。

如果不统一着装的话，可以让雇员穿指定的衣服，比如说蓝色西服加白衬衣外加红领带或红领结。在着装方面，绝不能放任自流。给他们一些着装建议，以防衣着风格不合适，例如过于随便的衣服像牛仔裤、T恤衫或低胸、暴露、过于紧身的性感服装都不允许在这种场合穿。

4. 防止商业间谍活动

很显然，商品展销会提供了一个进行商业间谍活动的极好机会。试想，还有什么时机可以让你大大方方地走进竞争对手的公司，与他们随便交谈，同时还可能得到关于产品介绍的传单呢？如果你走运的话，展销会上一个未经世事的新手还会热情地给你介绍你想知道的一切，关于公司的，关于产品的，关于服务的，等等。

所以，非常有必要提醒展销员们在展台工作时应该注意这类形式的竞争。如果他们稍加注意，就会发现这些人不但比普通人知道得要多，而且喜欢刨根问底，然后迅速离开。这时候，应该让你的员工多问问题，少说话，减少泄漏一些有价值的信息的机会。

如果有人问你一个有嫌疑的问题，你可以这样回答：你的问题很有意思，不过你能否告诉我这个问题对你有什么好处吗？要习惯用问问题的方式来回答问题。这样你就能够很少说你不应该说的话了。

5. 取得竞争优势

在尽力避免竞争对手获取你方产品信息的同时，你也应该主动出击，去收集对方的有关信息。尽管这种工作大家一直在做，但展销会的确是一个大好机会，为你提供竞争对手的运作信息。

使用下列方法有助于你建立一份有建设性的竞争对手情报方案。

序号	信息的种类	获取对方信息的主要问题
1	主要信息	哪些是我们直接或间接的竞争对手呢？包括现在市场上的运营商、潜在的市场参与者、替代产品制造商及服务提供商。 哪些竞争对手会对我们构成威胁呢？ 我们的竞争对手之间存在哪些主要差别呢？ 这些竞争对手的位置如何，位置会成为他们的竞争优势吗？ 我们的对手进入市场有多长时间了？他们在市场上的声誉如何？ 他们的市场占有率怎么样？ 他们进行商业合作的原则是什么？现实中他们是怎么做的？ 他们在上一年有什么重大收获？这些收获又会带给他们怎样的竞争优势呢？

（续表）

序号	信息的种类	获取对方信息的主要问题
2	寻找产品和服务信息	他们的产品和服务在市场上的深度和广度如何？ 他们的产品和服务有什么特色？ 他们对新产品和服务的介绍如何？ 他们在传送订单方面做得怎样？ 他们在生产或购买策略方面有什么样的变化？ 他们在生产中采用了哪些新原料？他们有成本方面的优势吗？ 他们是如何利用成本节余的呢？ 谁是他们的原料供应商呢？ 他们的产品储存和维护的便利性怎么样？ 他们在产品质量和服务方面有哪些优势和不足呢？
3	收集销售和营销策略	他们的营销和销售策略如何？ 他们的销售力量是怎样组织起来的？通过生产线、地域化市场还是终端用户？ 谁是他们最大、最重要的客户？ 哪些顾客属于他们而不属于我们，他们为什么这样成功？ 哪些顾客对他们最不满意，原因何在？ 为什么顾客转向他们的产品或服务呢？ 他们又发展了什么新的产品销售渠道呢？ 除了产品展销会之外，他们还采取了哪些方法来推销自己的产品或服务呢？ 他们现在推出的是什么产品或服务项目？ 他们注重哪方面的特色？ 他们的价格策略如何？是商业运作、不赢利、政府调控还是对外贸易？ 他们有没有推出其他的价格政策，如信用卡制度、打折、促销或委托销售等？
4	收集顾客信息	顾客认为竞争对手的哪些产品和服务最有价值？ 顾客为什么对现在的服务提供商很满意？ 怎样才能使顾客转向别的卖主呢？ 顾客主要抱怨什么？ 顾客认为哪些公司会领先市场呢？ 顾客的哪些要求还没得到满足？ 决定顾客购买的主要因素是什么？ 行业的变化对顾客有什么样的影响？

三、海外展销

参加海外商展能快捷、合算地为企业的产品和服务寻求最佳海外市场。它不仅可以检验企业的产品是否适合出口，还可以使企业在投资之前对自己在某个国家的竞争力和供应商、批发商及客户等合作伙伴进行评估。

在国际上，展销会也叫交易会或展览会。在这里将重点介绍参加展销会的需知事项。

1. 准备工作

仔细查询海外展销会信息，以便可以发现那些可能吸引企业目标客户的会展。你可以通过以下途径如银行、贸易联盟、外国使馆及领事馆、两国的商会、供应商（如货物转运商）获得相关信息和数据。

（1）早做准备

一般的策划工作会应该提前 12~18 个月开始准备。因为场地的安排是按"先来先分配"的原则划分的，所以至少要提前 12 个月预订场地。

若发现有参展意向的展会，尽快去调查，并取得第一手信息来确定它是否适合本公司。一旦决定参展，就要和展会组织者开展紧密细致的合作，以防任何突发事件的发生。很多大型国际展销会在美国都设有办事处，可以为公司提供很多便利。

如果参加海外展会，至少要提前两天到达目的地来调节时差反应。倘若你需要单枪匹马设置展厅、处理后勤事务，将会非常疲劳。因此，要留出充足的时间，好好休息，调整自己。

（2）仔细预算

拟订一份切合实际的预算。国外展会的花费根据展销地点、汇率和时令的不同而差距较大。除了要考虑展出经费、运输费用、宣传花费及工作人员的工资外，还要顾及进口关税和相关的出口规则。同时，为应付展销中的意外事件、因汇率变动带来的额外花费和其他费用支出，应增加 25% 的预算，以保证展销活动的顺利进行。

2. 规划展厅

在大多数国家,展位就是摊位。其中最小的大约 10 平方米,三面环墙,墙壁上刷有石灰粉。而布置精细的展厅在欧洲一些大型商贸会议上十分流行。这种展厅往往面积很大,比美国的要大得多,而且有可能包括会议室、休息室、厨房和酒吧(用来招待客人的)。其中小甜品和软饮料是常备品。

所以,策划时,要把会议室和休息室也考虑在内。

(1) 建造展厅

对于展厅的规划与建造,可以做几种选择,每一种都有利有弊。下面的信息可以帮助你选择一种最有效、最适合的方案。

规划展厅要点:
- 建造展厅
- 运送展品到展地
- 办理海关手续
- 善待工会

①国内设计建造后,运输到展销地。采用这种方案,你会因距离上的优势而能够对展销的设计与建造进行监控。如果设计上有任何不妥,可以很方便改动,需要时甚至可做全盘改动。同时,你与设计师、建造者之间的交流不会有任何语言障碍,展销价格也不会受到汇率和通货膨胀的影响。

这一方案的缺点是,你得支付运输费用,并且还有和当地文化产生冲突的风险,比如选择了不合适的颜色或布局、标记翻译不当等,还可能会遇到电力不足和电话线路不好等服务链接方面的问题,而且展销过程中和运输过程中出现损坏时,都得不到保障。

②国内设计,海外建造。选择这种方案,可以对设计过程进行监控,并且降低运费。因为建造工作是在展销地所在国进行的,所以避免了物品在运输过程中可能的损坏。

> **提醒您**
>
> 这种选择会使你难以保证建造工程的质量,而且不利于你和建造者之间的有效交流。同时,还需要处理潜在的汇率变动和通货膨胀对建造费用的影响。

③国外设计，国外建造。这种方案最显著的优点是，无论在设计、标记还是图案方面，自己的展销都能更好地迎合所在国的文化和偏好。同时，这种方案缩短了设计规划与投入施工之间的时间，进一步减少了运输费用，降低了损耗。

但另一方面你很难保证设计和建造工作的质量，并且很有可能会因为语言障碍而产生传达上的错误，还有可能会因你身在异地而不能及时传达建造工作上的指令。同样，选择这种方案得做好准备，应对汇率变动和通货膨胀带来的价格起伏。

④在展厅租赁现成场地（在展销会所在国），自己设计图案和标记。这种方案实际就是租赁别人用过的场地，因为已经建好，所以不用担心设计和建造的问题。可以听取先前租赁者的意见，根据当地的情况选择合适的图案和标记。在这里因为设计细节很少，语言的障碍也就无关紧要了。

这种方案的缺点是不能发挥自己的想象力，而且如果展地布置不精细的话，还会损坏企业形象。

（2）运送展品到展地

做好运输的准备工作也很重要。大多数国际展销会都有一个官方指定的货运代理人。他熟知相关细节，能够开具发票，申请出口许可证和相关申报工作，并且发放货物清单，处理保险事宜，准备包裹清单和所有必需文件等。需要运输的设备，一般不按照正常的标准缴纳关税，除非在展销后仍留在该国家。

（3）办理海关手续

海关问题是海外展出必须面对的难题之一。按正确的步骤办理海关签证文件是非常关键的。

（4）善待工会

在美、英、法和意大利等一些国家，都有强大的工会组织。要了解并遵守与工会工人合作的规则，尊重每一位工人。对于他们的劳动付出，给些小费或者提供午餐及啤酒，将会减少施工过程中的损失毁坏和小偷小摸行为，以确保他们是为你工作，而不是和你作对。和承包商合作，一定要请翻译陪同左右，以便传达你的指令。至少提前一周到达展地，处理一些有关事务。

3. 殷勤待客

热情好客，款待来宾，这是进行国外贸易的需要，也是举办展会的一种方式。因此，要在展会上或休息室内提供食品，以便在与来宾交谈时享用。

设计一种和公司或产品形象相符的特色菜谱。例如，可以安排侍者提供食物，也可以请来宾吃自助餐。在德国的一些交易会上，根据国家"绿色环保"政策的要求，丰盛的食品都是盛在真正的瓷制器皿中，而不用塑料制品或包装纸。在中东一些国家，商人们经常会带上家庭成员参展——妻子、孩子，甚至还带上父母。他们是为了接受款待而来的。

要想预算合理，考虑提供一些软饮料、啤酒和果酒之类的东西。一般没必要准备烈性酒，除非是在俄罗斯举办展会，那一定要准备好伏特加。

不同的文化背景下，人们对食物会有不同的喜好。在海外参展时，切记以下几点：

第一，约旦人和埃及人会在盘中剩下食物以示食品的丰盛和对主人的赞美。

第二，穆斯林和犹太人不吃某些肉类。

第三，犹太人不吃水生有壳动物。

第四，印度人不吃牛肉。

第五，穆斯林、印度人不喝含酒精的饮料。

4. 保持对主办国文化的敏感性

进行国际贸易要懂得文化差异。明确了解什么是该做的，什么是不该做的，可以有助于避免犯一些不必要的错误。从事国际贸易之前，请牢记以下指导方针。

（1）聘用当地人做翻译

实例

查维莱特在将其新星牌（nova）汽车介绍到西班牙的市场时犯了一个错误。西班牙语中，"nova"的意思是"它不移动"（It doesn't go），这个名称使用在售车广告中非常不得体。还有一个类似的真实故事，是格伯将其婴儿食品推销到非洲市场时。按当地的文化，容器外面有什么图画，就意味着该容器里面盛放着什么。而格伯的食品外包装上是一名健康微笑的婴儿。因此，格伯的产品销售额非常低。

以上实例主要是说，要聘用一名专业翻译人员或一名当地人来当翻译，进行商业交流。在设计用于海外交易会的商品外包装时，也要做到这一点。若聘用了一名对他国语言或文化知之甚少且对当地的俚语毫不了解的非专业翻译人员，那令人困窘的错误就在所难免了。若能聘请到一位对企业的产品或该行业有专业知识的本土人员，这对你来说将是一笔巨大的财富。

很多国际性的商业交往都可能需要英语。问题是，若使用一些难以翻译的词汇如俚语、口语、习语、术语、时髦字眼、行话、公文、首字母缩略词和隐喻，就会出现麻烦。因此，在交流中，无论是书面语还是口头语，都应尽量使用能让每个人都会明白的、基本的简单词汇。

（2）留心隐含意义

在不同国家，不同颜色与数字都有其特定的内涵。若你公司的文化、产品或包装上使用了不恰当的颜色，销售额就会大打折扣。因此，切记开始准备展销会时，避免这种会造成重大损失的低级错误。以下信息可供参考：

①颜色：在日本，黑色、白色、黄色和紫色通常和葬礼有联系；在巴西和墨西哥，紫色和黄色分别是两国的葬礼色。在中国，红色和金黄色被奉为幸运色。相反，在韩国绝不要用红色印刷，那与死亡有关。

②数字：亚洲许多国家忌讳"4"，认为"4"代表了"死亡"，千万避免使用数字"4"。甚至不要把商品4个一组装在一起。而"7"和"8"则是人们心中的幸运数。

③动物：使用动物的标志时要注意。例如，在一些印度国家里，母牛是神圣的象征，千万不要在任何商业广告中对其加以描绘。

④妇女：许多中东国家和南美洲及亚洲一些国家的妇女比较传统保守。注意描绘妇女时的方法。

（3）时刻牢记：行胜于言

全球性礼仪是一门相当复杂的学问。因为每种文化都有其独特的特征：如何恰当地进行眼神交流、握手，什么是得体的言行举止以及空间距离等，不同的文化存在着很大差异。学习了解如何同参展的外国友人进行问候与交流是很重要的。切记你是以该国客人的身份在此举办交易会的，应该学会入乡随俗。

（4）见面问候

在国外，要认真遵守语言行为规范，人们互称对方的头衔而非直呼其名。欧洲人习惯在见面和离别时握握手，而握手这种常规的行为在不同的国家有着不同的方式。如德国人习惯有力的握手，而法国人在握手时不大用力且时间短暂，美国人则要有力且上下摇动。

与来自法国、西班牙、意大利、葡萄牙和其他一些地中海国家的人们问候时，一般要亲吻对方的双颊。而中东人，尤其是穆斯林人，问候时要避免与异性进行身体接触，但是同性之间却可以相互拥抱和亲吻。

跟亚洲人进行交流时，也要避免身体接触。日本人以鞠躬的方式来欢迎来宾。中国人则是通过点头、鞠躬或鼓掌来表示欢迎。最安全的方式就是边点头边以言语问候。随着关系的发展，问候方式也相应改变。只要仿照对方就可以了。

（5）体态语

许多手势在不同国家并没有相同的意义。如果翻译者把意义传达错了，可能会带来本可以避免的问题。

不同文化中，相同的手势却有很大的意义差别。例如，许多民族把竖拇指看成是下流动作。亚洲很多民族都认为用食指指人或物是非常不礼貌的动作。美国人用来再见的手势在东南亚人看来却是让某人过来。

尽管美国人把微笑作为友好的象征，可在其他文化中，微笑还有不同的意思。日本人不管是伤心、高兴、生气、迷惑或对人表示歉意时，都会以笑表示。在朝鲜文化中，则以笑来传达肤浅和粗心之意。

美国人视少量的眼神交流为无礼和缺乏诚意。然而，避免直视对方或许是表示尊敬对方。由于文化差异，人们通过眼睛交流的方式自然也不同。

(6) 使用名片

名片在许多国家有着非常重要的作用。它是显示你的地位与身份的一个真实凭证。实际上是，如果你没有名片，别人就不太可能认真对待你，尤其是在亚洲国家。

有人呈递他的名片时，你要表现出对其名片与对其身份同样的尊重，这一点非常重要。倘若你对名片处理不当，可能会侮辱赠与你名片的人。务必细看他人给你的名片：切记勿在上面做备忘录，尤其在来访者面前；千万不要折叠或随便地把他人名片塞入口袋。牢记：离开时应把它随身带走。

为你公司的代表提供双语名片。在英语并未广泛使用的国家，要准备背面印有当地语言的名片。

注意许多国家都有赠送名片的特殊礼节。比如，在日本，人们交换名片时很郑重，双手奉上并向对方鞠躬，彼此双手接过名片，认真浏览，并在谈话中有所应用，这样比较礼貌。

(7) 承认不同的交流风格

在交流过程中，有些文化比其他文化更直接、更坦率。一般认为，瑞士、德国、斯堪的那维亚文化是低语境文化，这就意味着他们的词语具有特定的意义，理解时不需要依靠当时的语境，或对语境的依赖性较小。与之相反，日语、汉语和阿拉伯语则是高语境语言，在很大程度上依赖于谈话的语境来确定词义，因此开门见山容易被认为是不雅的，甚至是无礼的。对美国人来说，他们的语言通常很含糊，不精确，而且令人困惑，很难理解。所以必须理解体会字里行间的言外之意。

不同文化背景的人在交流时，由于文化差异的原因，可能会很迷惑、受挫、急躁。在一些国家，像法国，"不"经常意味着"也许"，"也许"意味着"不"。亚洲人很少说"不"，特别是日本人有其独特的方式避免说"不"，他们可能会使用微妙的暗示，例如"这有点儿难"或者"我会考虑的"。很多时候为了避免说"不"，韩国人会给你一个他们认为你想听到的答案。一句"是的"或者点一下头可能表示"也许"、"我知道了"或"是的，我听见你说的了"。然而，他们不一定同意或理解你说的。要通过询问一些比较随意的问题学会倾听交流的各种微妙之处。

谈话的主题应避免涉及金钱、宗教和私人问题。体育、旅行、历史和文化都很合适。另外，各国的幽默方式不同，尤其在翻译过程中经常造成误解，尽量不要开玩笑，尤其是涉及种族问题的玩笑。

考虑在展销会上聘用一名专业翻译。提前了解此人，然后给他时间熟悉你的声音、讲话方式、言语中的特殊习惯、复杂词语的惯用法，以及语调和语速。鼓励翻译者使用短句进行翻译。另外查看公司是否有精通多种语言的员工，他能为你的国外展销会提供很大帮助。

（8）要有耐心

现在的人似乎一直都很匆忙。时间就是金钱，因而公司的员工代表认为他们没有足够的时间陪同参观者，想直接进入关键问题的讨论，随后解决细节问题。但是，大多其他文化背景的人并不这样认为。在他们看来，这种做法有些不客气，而且粗鲁。在国际展销会中，许多购买者通常会花费数小时讨论所有相关细节，而这些细节与未来的事务密切关联，他们很少当场达成交易。

提醒公司的代表们，在国外做生意时需要耐心和时间。许多他国商业人员需要时间浏览大型的展销图片，完全了解整个运作过程，他们希望从容地与你建立合作关系。所以展会后，立即进行私人交往，是建立海外买卖关系、为公司带来更多订单的最好方式之一。他国商人想确定你是否真诚，是否能够信守承诺。他们需要一种安全感，知道你们是一个可以信任而且机制健全的公司，且愿意在他们的国家中兑现你的承诺。

公司可能需要在各种展会中频频露面，才会引起他人的注意——不要期望第一次就能达成交易。因为每个国家都有自己的商业运作方式，所以最终达成交易经常会需要几年的时间。

在进入和外国公司进行实质性合作关系之后，你的员工需要下工夫进行一系列广泛的研究，包括商业运作规则、经济条件、政治环境以及文化惯例等，尤其在涉及时间安排的时候。记住，忍耐是一种真正的美德。

1. 进行会议策划时应明确哪些问题？
2. 会议主持人在会议中，应做到哪几点？
3. 如何才能使展销成功？
4. 做国际贸易之前，应牢记哪些指导方针？

第四章
商务谈判

本章学习重点：
- 掌握面对面、电话、函电及网上谈判的特点和注意事项
- 掌握谈判的开局、磋商、促成阶段的内容、要点及注意事项
- 熟知商务谈判策略，掌握商务谈判的技巧

主题词：商务谈判方法　商务谈判过程　商务谈判策略　商务谈判技巧

第一节 商务谈判的方法

商务谈判是企业进行经济贸易活动的重要手段。商务谈判关系到交易的成败、关系到企业的生存与发展，越来越得到企业的重视。商务管理师必须深入认识商务谈判的方法。

一、面对面谈判

面对面谈判，就是谈判双方（或多方）直接地、面对面地就谈判内容进行沟通、磋商和洽谈。在日常生活中，大到每日电视、广播和报纸报道的国际、国内各类谈判，小到推销员上门推销，售货员向顾客介绍商品，顾客与小商贩的讨价还价等，这些都属于面对面谈判。

1. 面对面谈判的优点

面对面谈判方式具有以下优点：

（1）谈判具有较大的灵活性

在举行正式的商务谈判前，谈判双方都能够广泛地了解市场动态，开展多方面的市场调研，全面深入地了解对方的资金、信誉、谈判作风等情况，制订详细、切实可行的谈判方案。在商务谈判桌上，则可以利用直接面谈的机会，甚至利用私下接触，进一步了解谈判对手的需要、动机、策略，以及主谈人的个性等，结合谈判过程中出现的具体情况，及时、灵活地调整谈判计划和谈判策略、技巧。

（2）谈判的方式比较规范

商务谈判各方在谈判桌前就座，就形成了正规谈判的气氛，使每个参加谈判的人产生一种开始正式谈判的心境，很快进入谈判角色。而且，面对面谈判又都是按照开局＋讨价还价＋达成协议或签订合同的谈判过程进行的。所以，它是比较规范的谈判方式。

（3）谈判的内容比较深入细致

面对面谈判方式，便于谈判各方就某些关键问题或难点进行反复沟通，就谈判协议的具体条款进行反复磋商、洽谈，从而使谈判的内容更加深入、细致，谈判的目标更容易达成。

（4）有利于建立长久的贸易伙伴关系

由于面对面谈判方式是在双方或多方直接接触下进行的，彼此面对面的沟通容易产生感情，特别是在谈判工作之余的谈论热门话题或文娱活动中，增进了了解，培养了友谊，从而建立了一种比较长久的贸易合作伙伴关系。这种关系对于谈判协议的履行，以及今后新一轮的谈判工作都有积极的意义。

面对面谈判方式或多或少地会使双方产生一些感情，谈判者可以利用这种感情因素来强调己方的谈判条件，并使对方不好意思提出异议或拒绝，所以谈判成功的概率要比其他谈判方式都高。

2. 面对面谈判的缺陷

面对面谈判方式也有一定的缺陷，表现在：

第一，容易被谈判对方了解己方的谈判意图。面对面的谈判方式，谈判对手可以从己方谈判人员的举手投足、语言态度，甚至面部表情来推测己方所选定的最终目标以及追求最终目标的坚定性。

第二，决策时间短。面对面的谈判方式，往往要在谈判期限内作出成交与否的决定，没有充分的考虑时间，也难以充分利用谈判后台人员的智慧，因而要求谈判人员有较高的决策水平，如果决策失误，会使己方蒙受损失或是失去合作良机。

第三，费用高。对于面对面的谈判方式，谈判各方都要支付一定的差旅费或礼节性的招待费等，从而增加了商务谈判的成本。可以说，在所有的谈判方式中，面对面谈判方式的费用最高。

3. 面对面谈判的适用范围

在下列情况下运用面对面谈判方式较为适宜：

第一，比较正规的谈判。

第二，比较重要的谈判。

第三，比较大型的谈判。

第四，谈判各方相距较近。

第五，谈判各方认为面对面谈判效果较好，方式较佳，与本次谈判最为适宜时。

二、电话谈判

电话谈判就是借助电话进行信息沟通、协商，寻求达成交易的一种谈判方式。它是一种间接的、口头的谈判方式。

1. 电话谈判的优点

使用电话进行谈判的主要优势是快速、方便、联系广泛。运用电话谈判，用电话铃声来呼唤谈判对手，要比客气的约请、上司的指示甚至命令还要灵验。无论对方多么繁忙，在干着多么要紧的工作，只要听到电话铃响，都得停下其他事情来接听电话。在电话谈判中，电话的这些优势被谈判双方所利用，为各自的目的服务，并实现各自的谈判目标。

2. 电话谈判的缺点

电话谈判的缺点主要有：

（1）误解较多

由于电话没有视觉反馈，不仅看不到对方的面部表情，更看不出对方的行为暗示。另外，对语音、声调的理解也往往有误，加之一些字词容易混淆，所以，听懂并非易事，听错也不罕见。这是电话谈判要比面对面谈判更容易产生误解的原因。

> 电话谈判的缺点：
> ➢ 误解较多
> ➢ 易被拒绝
> ➢ 某些事项容易被遗漏
> ➢ 有风险
> ➢ 时间紧

（2）易被拒绝

电话谈判，对方看不到我们，"不"字更容易出口。例如一方拨了另一方的电话号码，很有礼貌地说："如果你不介意的话，我想请你做这件事……"另一方可以很干脆地回答："不行，现在我忙得很，多谢你打电话来。"

（3）某些事项容易被遗漏和删除

在双方交谈中，各自理解的重点和产生的兴趣不会完全一致，说和听都会带有选择性。在运用电话谈判方式时，多数情况下是一次性叙谈，很少有重复，所以，谈判者有意无意地将某些事项遗漏，总是在所难免的。

（4）有风险

在电话中无法验证对方的各类文件、证据和许诺的真伪，有可能上当受骗，因此要冒一定的风险。

（5）时间紧

电话谈判较其他谈判方式而言，时间有限，谈判者缺乏深入思考的时间，尤其是受话者一方，往往是在毫无准备的状态下仓促面对某一话题，甚至进行某一项决策，因此容易出现失误。

3. 电话谈判的适用范围

在下述情况运用电话谈判方式，其效果可能比面对面谈判方式更好。

欲与谈判对方快速沟通、尽早联系、尽快成交时，电话谈判是达到这一目标，并取得谈判成功的捷径。

想取得谈判的优势地位时，可以采用电话谈判方式，并且争取主动把电话打给对方。这样，从谈判双方的状态看，你是有备而来，而对方则很有可能是匆忙应战，相比之下，主动打电话这边自然而然地占了上风。

想使商务信息的流传面小一些，宜采用电话谈判的方式，因为电话的两端一般只有一人，便于保密。

想缩小谈判双方地位的悬殊时，电话谈判能收到预想的效果。无论对方身居何职，谈判双方面对的都只是一部电话。通过电话，双方各自阐述自己的条件和要求，电话两边的人的身份、地位、职务都显得不太重要。

在拒绝谈判对手时，或者想中断谈判时，用电话谈判的方式更为简便易行。这样，拒绝的话容易说出口，不会出现尴尬难堪的局面。

故意表示对某项业务或某个谈判不关心时，以及故意表示己方谈判态度强硬和立场坚定时，采用电话谈判方式进行，都可能收到预期的效果。

对待难以沟通和难以对付的谈判对手，运用电话谈判方式更具实效。如前所述，因为电话铃声普遍令人难以抗拒，即使难以沟通和难以对付的谈判对手也会拿起电话听筒与你沟通和洽谈。

当面对面谈判方式难于进行时，宜采用电话谈判方式。这样可能收到"柳暗花明又一村"的效果。

4. 使用电话谈判应注意的事项

由于电话谈判是一种只有声音没有人物表情、形体动作的洽谈，所以一旦选用电话谈判方式更需要注意其技巧。

（1）争取主动

一经选定电话谈判方式，便应积极争取做主动打电话的人，不做被动的接听者。因为只有主动的打电话者，才能处在谈判的优势地位。如果被对方抢了主动权，便不得不按照对方的意图和安排绕圈子。所以，在日益频繁的电话谈判和交往中，要尽量争取主动。不仅要在各项商务谈判中做主动打电话的人，还要在每一次电话交往中争取主动。

如果对方给你来了电话，而你没有准备时，使一招"金蝉脱壳"之计便可化被动为主动。这时，可以说："对不起，我正有一件紧急的事情要办，您说个方便的时间我给您回电话吧。"这样，你便赢得了准备谈判的时间，占据了主动位置。

（2）做好准备

作为打电话者，只有事先做好计划和准备，才能真正取得主动权，没有准备便拨电话，谈判中的优势很有可能拱手让给对方。

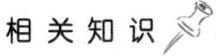

相 关 知 识

电话谈判前的准备工作

谈判前的计划和准备主要包括以下几个方面：

第一，把要谈判的内容列一份详细的清单，包括说话的内容和顺序，尤其是重要事项不要遗漏。

第二，把即将在电话里进行的谈判在脑海中演练一遍，熟悉内容，加深记忆。

第三，对于对方在谈判中可能采取的战略战术、技巧策略要有所估计和预料，以便做好相应的对策，有充分的心理准备。

第四，在打电话之前，应当把将要用到的东西放在手边。例如谈判中可能涉及的有关资料、数字，记录用的纸和笔，另外，准备好计算器，便于随时用来测算。

第五，人非圣贤，孰能无过。即使准备得再充分，也难免有始料不及的问题和对方转移话题的情况。对不了解和不懂的问题，要有勇气承认个人的知识有限。

第六，要准备好一两个"借口"，以便在谈判不利的时候随时不失礼节地挂断电话。这样便可以避免谈判沿着不利的方向发展，避免谈判局面进一步恶化，给己方争取思考的时间和回旋的余地。

（3）集中精神

使用电话谈判，必须完全依靠谈话，电话声音是你唯一的使者，你必须通过电话给对方一个良好的印象。所以，传到电话那边的必须是清晰、有力、生动、中肯、让人感兴趣的声音。因此，要把注意力完全集中在电话上，排除外界种种干扰，不可一心二用，与谈判无关的事待谈判结束后再做。

（4）听说有度

适当掌握听与说的比例，尽量诱使对方多说，学会聪明地沉默。多听少讲，从对方的滔滔不绝中获得更多的信息和资料。

（5）把握节奏

除非你已经进行了认真的分析、全盘的考虑和洞察了各种利弊关系，否则不要进行彻底的谈判，不要试图一次解决所有问题，也不要吝惜电话费用而迫使自己仓促决策。

（6）及时更正

假如事后发现谈判的结果对己方不公或不利，应毫不犹豫地要求对方重新谈判。

（7）记录整理

要在电话谈判过程中做好笔记，并在谈判结束后尽快将笔记整理归档，以求档案完整，便于事后随时查阅。

（8）协议备忘录

当你通过电话完成了一项商务活动，做成一笔交易，也就是完成一次电话谈判时，随后就应认真地写一份有关谈判的书面纪要，即协议备忘录，并将这项工作通知对方。

> **提醒您**
>
> 协议备忘录有时被称为意向书或理解纪事，其目的就是把电话谈判中所要明确的谈判各方的责任、权利和义务都写在纸上，作为双方协议的书面凭证，要求各方严格遵照执行。写好协议备忘录后，要寄给对方一份。

三、函电谈判

函电谈判是指通过邮件、电传、传真等途径进行磋商，寻求达成交易的书面谈判方式。函电谈判方式与电话谈判方式有相同之处，也有不同之处：两者都是远距离、不见面的磋商，但一个是用文字表达，而另一个则是用声音来表达。函电谈判方式在国际贸易的商务谈判中使用最普遍、最频繁，但在国内贸易的商务谈判中则较少使用。

> **相关知识**
>
> **函电的拟写与处理**
>
> 1. 函电的拟写
>
> （1）拟写要求。要把各种各样的商务谈判函电写好，就要努力满足以下各项要求：
>
> ①函电要符合政策法规、风俗习惯等，特别是对外商务函电要充分体现我国对外商务的各项方针政策。这是写好函电的基础和指导思

想,也是商务管理师搞好国际商务、发展对外商务的有利保证。②要讲究策略,积极主动地开展业务活动。函电洽谈贸易,要根据客户条件、货源情况等,针对不同情况灵活对待;在处理争议和纠纷时,要针对不同情况,采用不同对策。

③函电书写要正确、及时,每次函电的内容应当正确、完整。对交易磋商、签订合同、处理争议问题等各类函电,都要抓紧时间及时处理,不能拖延,以免错失良机,造成经济上的损失或带来不良影响。

(2) 函电的结构。用于函电谈判方式的函电,一般包括标题、编号、收文单位、正文、附件和发文单位六个部分。

①标题。

标题是函电的题目或函电的名称。标题是函电内容的集中和概括,要求简明、确切,不要文不对题。标题和函电内容应互相对应。

②编号。

编号是函件所标的"字""号"。"字"代表发文单位,"号"代表发文次序。对函电进行编号,是为了便于收文和发文单位分类登记和进行查询。

③收文单位。

收文单位是行文单位的对象,函电送达的单位。

④正文。

正文是函电的主要部分。正文一般由三部分组成。

第一部分,开头。正文的开头多从发函的原因写起,便于对方了解发函的原委。文字要求简明扼要。

第二部分,主体部分。主体是函电最重要的部分。它的任务是阐述发函的目的和要求,一定要做到目的清楚、要求明确,既充分表达己方的意图、要求和条件,又使对方清楚明白、一目了然。

第三部分,结尾。结尾有两种方法:一是主体写完即可结尾,二是写两句与主体相照应的话以加深印象。

商务函电有惯用的结束语,如"特此函达""特此函复""即请函复""候复"等。在结束语之后,也可以写上一些客套用语,如

"谨祝商安""商祺""财祺"等。

⑤附件。

随函电发出的销售合同、协议、报价单、发票、单据等都作为附件处理，附在函电之后寄发。附件的名称、号码、件数必须清楚地写在函电的末尾。

⑥发文单位、日期、盖章。

在函电末尾，或者在附件下一行偏右处，写上发文单位名称，单位名称下边写明发函日期（年、月、日）。在日期上面加盖发文单位的印章。加盖印章是表示对发函严肃负责，有些函件则须单位负责人签名才有效。

2. 函电的处理

要想把商务谈判函电的处理工作做好，应注意做到以下几点：

（1）阅读电文，吃透含义。认真阅读电文，吃透原文含义是处理函电的第一步，也是最重要的一步。完成这项工作的程序应当是：接到商务函电后先将函电全文通读一遍，选出其中较为重要和急需处理的部分仔细阅读，必要时要查阅有关的档案和资料，以便进行深入全面的分析，最后考虑并拟订处理意见。

（2）分清轻重缓急。处理各种商务谈判函电时应把握的原则是：急件即办，重要件及时办，一般件不积压。在步骤上，一般是先处理电报、电传，然后处理时效性较强的函件和洽谈成交的主要客户的来函，最后处理一般性函件。

（3）加强联系。商务交易一般都是由货源、储运、包装、财务等众多部门和单位协同完成的。函电的处理和落实涉及许多单位和部门，因此必须加强与各单位、各部门之间的联系，避免工作脱节，以免引起纠纷，造成经济损失。

函电谈判作为商务谈判的一种具体形式，其程序应该说与商务谈判程序是一致的，即都包含着始谈、摸底、僵持、让步和促成五个环节。但是，函电谈判作为国际商务活动中经常使用的一种谈判方式，其程序又有独特的内涵。按照国际贸易惯例，函电谈判一般包括五个环节，即询盘、发盘、还盘、接受和签订合同。

1. 询盘（inquiry）

询盘又称探盘，是指谈判一方大致地询问另一方（或多方）是否具有供应或购买某种商品的条件，只是了解一下供求情况，以衡量一下对方的实力和需求。具体而详尽的交易条件是在双方沟通的基础上进一步磋商。询盘多由商品的卖方发出，但买方也可根据自己的需要发出询盘。

> **实例**
>
> 从你方 9 月 5 日的来信中我们注意到，你们希望和我们发展纺织品贸易。在研究过贵公司产品目录之后，我们对货号为 510 和 514 的两款台布感兴趣。请报最低的 CIF 广州价为感，并注明可供数量及最早交货期。如价格合理、质量令人满意，我们将长期大量订购。

询盘的目的主要是寻找合适的买主或卖主，而不是同买主或卖主正式进行谈判，不具有约束力。尽管如此，询盘时，应结合实际，仔细考虑，在同一时间对同一地区的客商询盘不宜太多，否则对日后交易合作会造成不好的影响。

2. 发盘（offer）

由买卖双方中的一方向另一方提出交易条件和要求，所以发盘有两个关系人，一个是发盘人，另一个是受盘人。若一项发盘是由卖方发出，卖方就是发盘人，而买方就是受盘人，反之亦然。按照发盘人在受盘人接受发盘后，是否承担订立合同的法律责任来划分，发盘可分为实盘和虚盘。

相 关 知 识

实盘和虚盘

在函电方式的商务谈判中，搞清楚实盘和虚盘的法律含义对谈判双方都是非常重要的。

1. 实盘（firm offer）

实盘是对发盘人有约束力的发盘，也就是发盘人在一定期限内愿意按所提条件达成交易的肯定表示。发盘内容具有达成交易的全部必要条件，而且发盘人在规定的有效时限内，受发盘的约束，即未经受盘人的同意不得撤回或修改，受盘人在有效时限内若无异议地接受，合同即告成立，交易也就达成了。实盘有三个基本条件：

第一，各项交易条件详尽、清楚、明确。

第二，注明所发的盘是实盘。

第三，明确发盘的有效时限。

实盘内容的完整、肯定，对受盘人比较有吸引力，可以促使受盘人从速做出决定，达成交易。例如：

谢谢你们2月20日对大豆的询盘。作为答复，兹发盘如下：

品名：河北大豆，1999年产

质量：一级

数量：500吨

价格：每公吨360美元，CIF伦敦价

包装：新麻袋装，每袋净重约50千克

支付：不可撤销的信用证

交货日期：收到信用证之后1个月装运

该发盘为实盘，以你方答复在3月15日前到达己方为有效。

2. 虚盘（offer without engagement）

虚盘是发盘人所作的非承诺性表示，不具约束力。对虚盘，发盘人可以随时撤回或修改、变更内容，受盘人即使对虚盘表示接受，也需要经过发盘人的最后确认，才能成为双方都具有约束力的合同。

虚盘一般有三个特点：

第一，发盘中有回旋余地，常用"以己方最后确认为准"（subject to our approval）等术语加以说明。

第二，发盘的内容不明确，不作肯定的表示。

第三，缺少主要交易条件。

虚盘对于发盘人较灵活，可以根据市场变化修改交易条件，选择

> 合适的对手,但是受盘人常常将其看作一般的业务联系而不加重视,因而不利于达成交易。例如:
>
> 　　9月5日询盘收悉。兹报100吨葵花子,1999年产,杂质不超过3%,含油量不低于88%,每吨CIF Lagos价700美元,新麻袋装,每袋净重约23千克,11月装船,凭不可撤销的信用证付款,该报价以货未售出为准。绿豆暂无货。

3. 还盘（counter offer）

还盘是指受盘人在接到发盘后,不能完全同意发盘人在发盘中所提的交易条件,为了进一步磋商,对发盘提出修改意见的一种表示。受盘人一旦还盘,原发盘即失去效力,原发盘人也不再受原发盘的约束,还盘也就成了新的发盘。

商务谈判中,如果原发盘人对受盘人发出的还盘提出新的建议,并再发给受盘人,叫做再还盘。在国际商务的函电谈判中,一笔生意的谈判往往要经过多次还盘和再还盘,就像谈判桌上进行多次讨价还价一样,当然也有接到实盘后不作还盘而直接签约的,这就像口头谈判桌上一拍即合的情况。

4. 接受（acceptance）

接受又称承诺,是受盘人完全同意对方发盘或还盘的全部内容所做的表示。根据《联合国国际货物销售公约》的规定,一项有效的接受,应具备下列三个条件:

第一,接受必须是由受盘人或特定的法人做出,才具有效力,第三者做出的接受不具有法律效力。

第二,接受的内容或条件应与发盘（或还盘）相符,这样才表明就交易条件达成一致。

第三,接受必须在有效期内表示,才有法律效力,过期接受或迟到接受,都无法律效力。

实例

兹确认接受你方订购 100 吨葵花子，每吨 700 美元 CIF Lagos，11 月装船。随函寄去己方第 GD964 号销售确认书一式两份，请签退一份以便存卷。请尽早开立以己方为受益人的信用证，以便及时安排装运。信用证条款必须与合同条款严格相符，以免日后不必要的修改。

5. 签订合同（to sign a contract）

签订合同是一场商务谈判的尾声。买卖双方通过交易谈判，一方的发盘或还盘被另一方接受后，交易即告达成，但在商品交易中，通常通过签订书面合同予以确认。

合同经双方签字后即告成立，具有法律约束力，买卖双方都应当遵守和执行合同中的各项内容，否则任何一方违背合同内容都要承担法律责任。

一般地说，大宗商品和重要的机器设备，均须使用正式合同；一般商品或成交额不大的交易，多使用"销售确认书"。书面合同的正本，一般都是一式两份，经交易双方签署后，双方各保留一份。

四、网上谈判

网上谈判就是借助于互联网进行协商、对话的一种特殊的书面谈判。它为买卖双方的沟通提供了丰富的信息和低廉的沟通成本，因而有强大的吸引力。

1. 网上谈判的特点

（1）加强了信息交流

过去商务谈判的函件要几天才能收到，并且有可能迟到、遗失，现在通过互联网，几分钟甚至几秒钟就能收到，而且准确无误。网上谈判既具电话谈判快速、联系广泛的特点，又有函电内容全面丰富、可以备查之特点，可使企业、客户掌握他们需要的最新信息，同时有利于增加贸易机会，开拓新市场。

（2）有利于慎重决策

网上谈判以书面形式提供议事日程和谈判内容，使得谈判双方既能仔细考虑本企业所提出的要点，特别是对那些谈判双方可能不清楚的条件进行书面传递，事先说明，又能使谈判双方有时间同自己的助手或企业领导及决策机构进行充分的讨论和分析，甚至可以在必要时向那些不参加谈判的专家请教，有利于慎重决策。

（3）降低了成本

采用网上谈判方式，谈判者无需四处奔走，就可向国内外许多企业发出 E-mail，分析比较不同客户的回函，从中选出对自己最有利的协议条件，从而令企业大大节省了人员开销、差旅费、招待费以及管理费等，甚至比一般通信费用还要省得多，从而降低了谈判成本。

（4）改善了服务质量

网上谈判所提供的是一年 365 天、每天 24 小时的全天候沟通方式。

（5）增强了企业的竞争力

任何企业，无论大小，在网站上都是一个页面，面对相同的市场，都处于平等的竞争条件。互联网有助于消除中小企业较之大企业在信息化程度方面的弱势，从而提高中小企业的竞争力。

（6）提高了谈判效率

网上谈判，由于具体的谈判人员不见面，他们代表的是本企业，双方可以不考虑谈判人员的身份，不揣摩对方的性格，而把主要精力集中在己方条件的洽谈上，从而避免因谈判者的级别、身份不对等而影响谈判的开展和交易的达成。

> **提醒您**
>
> 网上谈判也有其弊端，主要表现在：一是商务信息公开化，导致竞争对手的加入；二是互联网的故障、病毒等会影响商务谈判的开展。

2. 网上谈判的注意事项

网上谈判属于书面谈判方式，与函电谈判一样，其谈判程序也包含着询盘、发盘、还盘、接受和签订合同等五个步骤。在进行网上谈判要注意以下方面：

（1）充实自己的知识

实行网上谈判方式，需要谈判人员既有商务知识与谈判技巧，又懂信息技术。所以，面对电子商务的快速发展，不仅要充实商务知识与谈判技巧，更要懂得一定的信息技术。

网上谈判的注意事项：
➢ 充实自己的知识
➢ 加强与客户关系的维系
➢ 加强资料存档保管工作
➢ 必须签订书面合同

（2）加强与客户关系的维系

由于互联网是公开的大众媒体，使用网上谈判也就意味着你与客户、合作伙伴之间的关系公开化。竞争对手可以通过互联网随时了解到你的报价、技术指标，以及你的客户和合作伙伴的需求，甚至你与客户、合作伙伴之间存在的分歧等。通过对这些资料的分析，竞争对手有可能抢走你的客户。所以，借助于互联网进行商务谈判，还应注意情感的培养，提高服务水准，以更好地维系与客户、合作伙伴的关系。

（3）加强资料的存档保管工作

互联网容易受病毒的侵害和黑客的破坏。由于网上谈判所使用的E-mail需要互联网的传递，一旦网络发生故障或受到病毒、黑客的攻击，往往就会影响谈判双方的联系，甚至会丧失合作机会，无法实施谈判方案。所以，商务谈判过程中的发盘、还盘、确认等资料要及时下载，打印成文字，以备存查。

（4）必须签订书面合同

网上谈判达成的交易，一经确认或接受，一般即认为合约成立，交易双方均受其约束，不得任意改变。但为了明确各自的权利与义务，加强责任心，双方必须签订正式的书面合同，促使双方按照合同办事。

相 关 知 识

网上谈判报文

网上谈判作为一种特殊的书面谈判，其报文由主数据和商业交易报文组成。

1. 主数据

（1）参与方信息。参与方信息报文是商业往来开始时，贸易伙伴第一次交换的报文，用于把地址和相关的经营管理、商业和财务信息传递给贸易伙伴。如果在以后的商务往来的各个阶段信息有变化，参与方信息应重新更换，以保持贸易伙伴的主数据最新。

（2）价格/销售目录。价格/销售目录报文由卖方传送给买方，以目录或列表形式给出供货方产品变化的预先通知。该报文有时给出产品的一般信息，对所有买主都适用；有时给一个单独的买主提供一个专门信息，如特殊价格等。

2. 商品交易报文

（1）报价请求。报价请求报文是由买方向一个或多个卖方发出的要求提供商品或劳务信息的报文，表明买方向卖方提出他们所要求的答复内容，如买方欲购得价格。买方可以同时向几个供方发送报价请求，以便进行衡量，获取最满意的货物和购价。

（2）报价。报价报文是由供货方发送给买方的对买方报价请求的答复。该报文包括对买方要求的产品或服务以及有关信息的详尽答复。

（3）订购单。订购单报文是由买方向供方发送的订购货物或劳务并提出相关数量、日期和发货到达地等的报文。

（4）订购单应套。订购单应套报文是由供方发送给买方，告知买方他已收到订购单，提出补充或通知买方拒绝或接受全部或部分订购单内容。

（5）订购单变更请求。订购单变更请求报文是由买方向供方提供的对订购单的修改，买方可以请求变动或取消某项货物、劳务信息。

第二节 商务谈判的过程

商务谈判的过程即谈判的各个阶段。当彼此具有利害关系或矛盾争议的双方,为了协调一致,或者争取和解,在特约的时间、地点进行一场正规的谈判时,谈判就有了特定的规则和程序。

一、谈判的开局阶段

1. 开局在整个谈判中地位和作用

开局阶段人们的精力最为充沛,注意力也最为集中。

洽谈的格局就是在开局后的几分钟内确定。

这是双方阐明各自立场的阶段。

谈判双方阵容中的个人地位及所承担的角色完全暴露出来。有经验的洽谈人员都能在这一阶段采取各种有效措施,充分发挥其应有作用,使谈判向着健康的方向发展。

2. 开局的方式选择

(1) 提出书面条件,不做口头补充

该方式适用于两种情况,一种情况是本部门在谈判规则的束缚下不可能选择其他方式。另一种情况是本部门准备把所提交的最初的书面交易条件也作为最后的交易条件。

(2) 提出书面条件并做口头补充

提出书面交易条件之后,要努力做到下述几点:

①让对方多发言,不可多回答对方提出的问题。

②尽量试探出对方反对意见的坚定性,即如果不做任何相应的让步,对方能否顺从意见。

③不要只注意眼前利益,还要注意目前的合同与其他合同的内在联系。

④无论心里如何感觉，都要表现出冷静、泰然自若。

⑤随时注意纠正对方的某些概念性错误。

（3）面谈提出交易条件

优点：可以见机行事，有很大的灵活性，先磋商后承担义务，可充分利用感情因素，建立个人关系，缓解谈判气氛等。

缺点：容易受到对方的反击，阐述复杂的统计数字与图表等相当困难；由于语言的不同，可能产生误会。

3. 开局的任务

第一，吸引对方的注意力和兴趣。

第二，完成建设性的基础工作。

①初步设定洽谈内容。

②确定洽谈程序。

③初步掌握对方谈判人员的个人行为模式。

4. 形成良好开局结构的原则

提供或享受均等发言机会。

讲话要尽量简洁、轻松。

要进行充分的合作。

要乐意接受对方的意见。

5. 正确估计自己的能力

不要低估自己的能力。

不要以为对方了解你的弱点。

不要被对方的身份和地位吓倒。

不要被数字、先例、原则或规定吓住。

不要被对方的无礼或粗野的态度吓住。

不要过早泄漏你的全部实力。

不要过分计较可能遭到的损失和过分强调自己的困难。

不要以为你已经了解对方的要求。

6. 开局的策略与调整

（1）中性话题法

是指以跟谈判正题无关又无害的话题开场，促使谈判双方情感上的接近、融洽，实现开局目标的策略方法。

> 开局的策略与调整：
> ➢ 中性话题法
> ➢ 坦诚法
> ➢ 幽默法

（2）坦诚法

是指用坦白率直、开诚布公的态度与谈判对方交谈，尽早向对方表露己方的真实意图，以取得对方的理解和尊重，赢得对方的通力合作，实现开局目标的策略方法。

（3）幽默法

是指借助形象生动的媒介、风趣诙谐的语言风格与对方交谈，以打破对方的戒备心理，引起对方的好感和共鸣，实现开局目标的策略方法。

二、谈判的磋商阶段

谈判的磋商阶段是指谈判开始之后到谈判终局之前，谈判各方就实质性事项进行磋商的全过程。

谈判的磋商阶段是谈判的实践阶段，这不仅是谈判主体间的实力、智力和技术的具体较量阶段，而且也是谈判主体间求同存异、合作谅解的阶段。由于此阶段是全部谈判活动中最为重要的阶段，故其投入精力最多、占用时间最长、涉及问题最多。所以，在此阶段应把握好下面几个方面的问题：

1. 合理地报价、还价或提出条件

报价又称提出条件，是指谈判磋商阶段开始时提出讨论的基本条件。但这一阶段并不是单指一方的报价，同时也指对方的还价。因此，报价、还价运用得科学、合理与否，将关系到整个谈判过程的利益得失。此时需要解决下面一些问题：

（1）谁先报价

谈判双方在结束了非实质性谈判后，将话题转入正题，即提出各自的交易条件，那谁先报价呢？先报价是否有利呢？很难一概而论，因为先报价与后报价可以说各有利弊。一般而言，先报价的有利之处在于：

①先行报价对谈判的影响较大，它实际上是为谈判划定了一个框架或一条基础线，最终协议将在此范围内达成，比如买方报价某货物购进价为1000元，那么，最终成交价不会低于1000元，而如果卖方报价为1000元，则最终成交价不会高于1000元。

②首先报价，如果出乎对方的预料和设想，往往会打乱对方的原有方案，使其处于被动地位。

但是，先报价也会有不利之处：

①对方了解到己方的报价后，可以对他们自己原有方案进行调整，这等于使对方多了一个机会，如果己方的交易起点定得太低，他们就可以修改原先准备的定价，获得意外的收获。

②先报价，会给对方树立一个攻击的目标，他们常会采用集中力量攻击这一报价，迫使报价方一步步退让，而报价方有可能并不知道对方原先方案的报价处于被动。

那么，在谈判磋商阶段，究竟应由谁先报价为宜呢？这要根据谈判的不同性质的需要来决定，不过，在己方比较了解对方的需要或低盘的情况下，争取率先报价比较有利，而反之最好请求对方先报价，这可为己方作个出价参考。另外，一些己方占有绝对优势的谈判，如拥有谈判地位的产品，拥有多角谈判的选择性等，己方如率先报价能够进一步强化优势，主导谈判。

（2）报价的原则

在报价时，应遵循如下原则：

①对卖方来讲，开盘价必须是"最高的"。相应的，对买方而言，开盘价必须是"最低的"，这是报价的首要原则。

②开盘价必须合乎情理。对于卖方开盘价，报价要高，但绝不是漫天要价，毫无根据，而应该是合乎情理，如果报价过高，又讲不出道理，会使对方感到你没有诚意，甚至于不予理睬，扬长而去。对于买方来说，也不能漫天杀价，这会使对方感到你没有常识，而对你失去信

心,或将你一一攻倒,使你陷于难堪之境。所以无论是买方或卖方在报价时都要有根有据,合乎情理。

③报价应该坚定、明确、完整,不加解释和说明。开盘价要坚定而果断地提出,这样才能给对方留下认真而诚实的印象,如果欲言又止,吞吞吐吐,就会导致对方产生怀疑。报价时非常清楚,并不加过多的解释、说明。因为对方听完你的报价,肯定会对他感兴趣的问题提出质疑,这样我们可以根据对方的兴趣所在有针对性地进行解释和说明,否则,会被对方找出破绽,抓住把柄。

(3) 还价的方法

谈判就是要对各不相同的主张和条件进行磋商,而谈判的双方一拍即合,也就无需深入的讨论。所以,谈判的磋商阶段中,一方报了价,另一方就可能会还价,要还价,就要讲究还价的策略。

第一,在还价之前必须充分了解对方报价的全部内容,准确了解对方提出条件的真实意图。要做到这一点,应在还价之前设法摸清一下对方报价中的条件哪些是关键的、主要的;哪些是附加的、次要的;哪些是虚设的或诱惑性的;甚至有的条件的提出,仅仅是交换性的筹码。只有把这一切搞清楚,才能提出科学而策略的报价。为了摸清对方报价的真实意图,可以用点时间来逐项核对对方报价中所提的各项交易条件,探询其报价根据或弹性幅度,注意倾听对方的解释和说明。但不要加评论,更不可主观地猜度对方的动机和意图,以免给对方反击提供机会。

第二,准确、恰当地还价应掌握在双方谈判的协议区内,即谈判双方互为界点和争取点之间的范围,超过此界线,便难以使谈判获得成功。

第三,如果对方的报价超出谈判协议区的范围,与己方要提出还价条件相差甚大时,不必草率地提出自己的还价,而应首先拒绝对方的还价。必要时可以中断谈判,给对方一个出价,让对方在重新谈判时另行报价,此外还可以用以下几种方法处理报价与还价之间的巨大差距:

①由己方报价取代对方不实际的报价。

②对对方的报价附加条件进行限制。例如,在购销合同谈判中,买方可以以卖方提出的高价格为基础谈判,但必须规定提高货物的质量。

③建议对方放弃此问题上的报价,改由在其他问题上报价。

④对方"漫天要价",己方"就地还价"。

2. **正确驾驭谈判的议程**

在谈判磋商阶段,双方发生对峙、激烈竞争时,应正确驾驭谈判的议程。

在谈判磋商的过程中,谈判双方各自以自己利益出发,唇枪舌剑,左右交锋,竭力使谈判向有利于自己的方向发展。所以,在这一方面,也应注意几个问题。

(1) 对谈判要有一个正确的评估和调整

这是指在谈判磋商阶段,对谈判计划、谈判方案、谈判人事安排以及谈判的其他方面,根据谈判的发展变化,进行分析、谈判、重新调整。这项工作之所以重要,是因为无论前面的工作做得如何充分、仔细、全面,都无法穷尽实际谈判过程中的每一个细节,并适应每一种变化。谈判一旦进入实战阶段,必然会出现始料不及的新情况、新变化。如果谈判者不想在谈判中墨守成规,处境被动,就应当伴随谈判磋商阶段的讨价还价和信息交流,不断调整原定计划中的不适之处。

要做好评估调整工作,可以从下面几个方面进行:

①研究对方的报价资料,判断其真假虚实,对己方的报价重新认识、调整。

②整理谈判资料档案,把谈判中新获取的资料信息随时收入档案,并撤出那些已被证明是虚假的、无用的信息资料。

③结合新情况,新问题,修改或制订新计划、新方案,并在谈判人员中进行论证,反复调整。

④根据报价结束的情况,重新评价双方是否存在谈判的协议区。根据协议区的大小决定谈判是否应继续下去,如果继续下去,应如何调整谈判的起点、界点和争取点等。

⑤认真总结前面的经验教训,堵塞工作漏洞,调整工作方法,确保谈判向更有利于己方进行。

⑥根据需要,调整谈判人员,既要保证谈判团体的相对稳定性,又要保证谈判团体的活力。

（2）把握谈判局面，合理驾驭谈判的议程

谈判过程中，如双方发生争执，使双方剑拔弩张，可能会超过慎重的界限，破坏谈判的气氛；或者争论起来不着边际，失去控制。因此，应注意驾驭谈判局面，控制谈判过程，如能很好地做到这一点，就会赢得谈判中的主动地位。

①对前面的工作进行回顾和总结，这可以提醒或引导对方认识所处的谈判阶段，拨正双方谈判的议题。

②强调双方共同的利益。谈判双方在分歧加大时，可以利用强调共同利益的策略，来暗示两败俱伤的后果。

③拨正议题。如果谈判偏离了正常航道，可以及时进行拨正，例如："你举的例子很有参考价值，不过，我们是否先就此批货物的价格取得共识。"

④更换人员。有时为了控制局面，可以考虑变更谈判人员，使相互不让步的议题暂时搁置。

⑤控制进度。谈判中所涉及的问题有的三言两语就可解决，有的则几天、几个月也谈不完。谈判应根据需要，没谈透的问题应反复再谈，无须再谈的议题就应"跳"过去。

⑥临时休息。这样可以调节精力、时间和气氛，有时还可利用个别交谈的机会，破解难题。

（3）寻找方案，打破僵局

谈判在进入实际的磋商阶段之后，谈判各方往往会由于某种原因而相持不下，陷于进退两难的境地，即谈判的僵局。谈判之所以陷入僵局，一般不是因为各方之间存在不可解决的矛盾，多数情况下是由于各方基于感情、立场、原则等主观因素所致。所以，谈判者在谈判开始之后，在维护己方实际利益的前提下，应尽量避免由于一些非本质性的问题而坚持强硬的立场，以导致谈判的僵局，一旦谈判陷于僵局，谈判各方应探究原因。积极主动地寻找解决的方案，切勿因一时陷入谈判的僵局而终止谈判。如何打破出现的僵局，可采用以下一些办法：

①更换话题。谈判过程中，由于某个议题引起争执，一时又无法解决，这时谈判各方为了寻求和解，可以变换一下议题，把僵持的议题暂时搁置，等其他议题解决好，再在友好的气氛中讨论，解决僵持的

问题。

②更换谈判的主谈人。有时谈判的僵局是主谈人的个人因素所造成的。僵局一旦形成,主谈人的态度便不易改变,有时会滋生抵触情绪,有损谈判,此时,应考虑更换主谈人,新的主谈人的到来,使僵局能得以缓解。

打破僵局的方法:
➢ 更换话题
➢ 更换谈判主持人
➢ 暂时休息
➢ 寻找其他解决方案
➢ 由各方专家单独会谈

③暂时休息。谈判各方由于一时冲动,在感情上"较劲"之时,应当从谈判的实际利益出发,考虑暂时休会,等气氛缓和下来再谈。在冷静、平和的气氛中,谈判各方才会为了自身的利益求同存异。

④寻找其他解决的方案。谈判各方在坚持自己的谈判方案互不相让时,谈判就会陷于僵局,此时,解决的最好的办法是,放弃自己的谈判方案,共同来寻求一种可以兼顾各方利益的第三种方案。

⑤由各方专家单独会谈。谈判者可依据谈判僵局所涉及的专业问题,提请有关专家单独会谈。例如,涉及法律问题,可由双方律师单独会谈;涉及技术问题,可由双方工程师或技师单独会谈;同行之间会谈,可以避免不少麻烦,也容易找到共同点,有助于产生解决问题的新方案。

(4) 作出适当的让步,促成谈判的达成

如果谈判的和解时机已经到来,谈判的一方或各方仍互不相让,谈判也会失败。在谈判中让步是要讲策略的,否则就会失误。常见的让步策略有:

①理想的让步方式,谈判中的让步应遵守步步为营的原则。

②互惠的让步方式,是指以本方在某一问题的让步来换取对方在某一问题的让步。能否采取此种方式,与采用的谈判方式有关,要做到灵活掌握,如以在交货期限上的让步,来换取对方在价格上的让步。

③丝毫无损的让步方式,这实质上是一种高姿态的让步方式。比如对方要求己方在某些方面让步,而且理由非常充分,但己方确实不想让步,这时可以采取的一种让步方式是,承认对方的要求是合理的,从感情上我们愿意作出让步,但确有实际困难,请对方原谅,这样可以给对

方一种心理上的满足，促成对方让步。

④长、短期利益相结合的让步方式。这种让步方式一般使用在具有长期合作要求的谈判者之间，由于谈判双方有的对远期利益感兴趣，有的对近期利益感兴趣。这样，谈判双方可以相互作出让步，有的取远期利益，放弃近期利益；有的取近期利益，放弃远期利益。

三、谈判的促成阶段

商务谈判的最终目的就是为了促成交易，签订合同。谈判双方经过磋商、让步，最终对各项交易条件达成了共识，于是谈判进入促成阶段。在促成阶段，为了确认谈判各方的权利、义务，一般都要签订协议，或者说，要通过合同的形式来确立、变更或终止双方的权利义务关系。这样才能取得法律的保护，这种结果才是巩固的、确定的。

1. 最后的回顾与起草备忘录

（1）最后的回顾

①明确是否所有的项目都已谈妥，是否还有遗漏的问题尚未解决。

②明确对于所有的交易条件的谈判是否都达到了己方的期望值或谈判目标。

③明确己方最后可作出的让步限度。

④决定己方将采取何种谈判技巧来结束谈判，进行签约。

这种回顾的时间与形式取决于谈判的规模。可以安排在正式谈判以外的休息时间里进行，也可以在己方内部安排一个正式会议，由己方谈判负责人主持进行。不管回顾的形式怎样，都应以对己方的总体利益的影响为依据。

（2）起草备忘录

备忘录实际上是谈判工作的记录。在促成阶段，双方要根据已经讨论过的各项内容起草一个协议备忘录。备忘录并不作为有约束力的协定，只是双方当事人暂时商定的一般原则，是达成正式协议的基础。备忘录所注重的是内容而不是措辞，没有必要逐字逐句去推敲，这与协议是不同的。一份完好的备忘录中，双方的要求、希望和主要条件才是最重要的，没有必要过分注重细节。协议备忘录虽然不是合同书或正式协议书，但一经双方签字，就代表双方的承诺，整个谈判过程大抵就算是完成了。

2. 起草谈判协议或合同

有的谈判学者提出合同文本应尽量争取由本方来写，因为这样做可以有利地控制合同内容的形成。那么，如果由本方来撰写，要注意必须具备以下 11 项内容：

第一，关于执行双方所达成协议的特殊要求，其中包括详细技术条件及待完成工作的描述。

第二，详细的付款办法。比如，在何种条件下，付款可以推迟或停止，不能按时交货或某些项目不符合协议时该怎么办。

第三，关于交货的一些条款。它们应能反映双方的意愿，包括执行合同过程中如何对交货期进行调整的问题。

第四，在何种条件下协议可以修改。

第五，双方发生纠纷时应如何解决。

第六，可选的附加规定以及用何种办法来执行这一规定。

第七，关于未写入协议文本的内容，在何种条件下对该内容未予说明将被合理地视为因疏忽而造成的遗漏。

第八，执行协议所需的行政步骤。

第九，本方法律顾问认为必须写进去的法律上的规定。

第十，虽然对方坚持认为不需要，但己方顾问认为必须包括在合同之内的条款，一定想办法把这些条件都写进去，因为被遗漏时，它们正是可引起争端的那些内容。

第十一，除非合同内容本身要求有某种灵活性，关于合同执行的起止日期必须有明确规定。

需要注明的是，这 11 项内容只是在规范性合同撰写基础上的特别提示，换句话说，合同文本的撰写最基本的要求是符合国家《合同法》的规定，符合规范合同的模式。

> 📢 提醒您
>
> 在合同文本中要特别注意防止出现以下一些毛病：
>
> 协议中遗漏了某些条款。
>
> 条文语义不清，可导致不同的解释。
>
> 条件写得过于宽松、不严密，以致在达到要求方面有许多空子可钻。
>
> 协议中有许多与协议内容无关的陈词滥调。
>
> 协议中夹了许多参考性文件，而这些文件又未经事先审查。
>
> 条款之间有相互抵触之处，而又没规定发生争议时应以哪一条为准。

3. 合同文本的审核

（1）审核的内容

对合同文本的审核应从两个方面考虑，如果文本使用两种文字撰写，则要严格审核两种不同文字的一致性；如果使用同种文字，则要严格审核合同文本与协议条件的一致性。

再就是核对各种批件，包括项目批文、许可证、用汇证明、订货卡等，是否完备以及合同内容与各种批件内容是否一致。这种签约前的审核工作相当重要，因为常常发生不一致的情况。

（2）审核的要求

审查文本务必对照原稿，不要只凭记忆阅读审核。同时，要注意合同文本不能太简约。啰唆固然不好，过于简约弊处更大。散文的简约可以给读者造成想象的空间，合同的简约往往只会造成错空子。前者是文学的美，后者则是经济的亏了。

> 📢 提醒您
>
> 在审核中发现问题，应及时相互通告，并调整签约时间，使双方互相谅解，不致因此而产生误会。对于合同文本中的问题，一般指出即可解决，有的复杂问题须经过双方主持人再谈判。对此，思想上要有准备，同时要注意礼貌和态度。

4. 签字人的确认

在商务谈判中，有时主谈人不是合同的签字人，因此，应该注意确定比较合适的签字人。国际商务谈判中合同一般应由企业法人签字，政府代表一般不签，若合同一定需要由企业所在国政府承诺时，可与外贸合同同时拟一"协议"或"协定书"、"备忘录"，由双方政府代表签字，该文件为合同不可分割的一部分。国内商务谈判中如有涉及政府部门的担保或其他关系时，也可参照上述办法。

另外，国际商务谈判中，有些国家、地区的厂商习惯在签约前，让签约人出示授权书，授权书由所属企业最高领导人签发，若签字人就是公司或企业的最高领导，可以不要授权书，但要以某种方式证实其身份。

5. 签字仪式的安排和交际交往

(1) 签字仪式

为了表示合同的不同分量和影响，合同的签字仪式也不同：

①一般合同的签订，只需主谈人与对方签字即可，在谈判地点或举行宴会的饭店都行，仪式可从简。

②重大合同的签订，由领导出面签字时，仪式比较隆重，要安排好签字仪式，仪式的繁简取决于双方的态度，有时需专设签字桌，安排高级领导，会见对方代表团成员，并请新闻界人士参加等。

③国际商务谈判的签字活动，若有使领馆的代表参加，联系工作最好由外事部门经办，如果自己与有关使领馆人员熟悉，也可以直接联系，但也应向外事部门汇报并请求指导，这样做既不失礼，又便于顺利开展工作。

(2) 签字前后的交际交往

在签字前后的整个过程中，都存在交际交往问题，这里必须注意两点：

①切忌一派吃亏上当的景象，满腹的委屈、满脸的冤枉、满身的不舒服。谈判是一种双赢的社会活动，双方互有盈亏，不能狂想非让对方走投无路才是自己的胜利；另一方面，"愿赌服输"是一切谈判的游戏规则，在对手面前一派输不起的景象，只会令人小觑和鄙视，

恰为今后的谈判埋下失败的种子。

②切忌一派得意忘形、沾沾自喜、玩弄人于股掌之上的小人景象。否则会激起对方的疑心、猜忌和不满，容易把本来皆大欢喜的事情搞糟、搞砸或节外生枝。

第三节　商务谈判策略与技巧

在商务谈判中，为了使谈判能够顺利进行和取得成功，谈判者应善于灵活运用一些谈判策略和技巧。谈判策略是指谈判人员通过何种方法达到预期的谈判目标，而谈判技巧则是指谈判人员采用什么具体行动执行谈判策略。在实际工作中，应根据不同的谈判内容、谈判目标、谈判对手等个体情况，选用不同的谈判策略和技巧。

一、商务谈判策略

1. 投石问路策略

所谓投石问路策略，就是在商务谈判中，当己方对对方的商业习惯或有关诸如产品成本、价格方面不太了解时，己方主动地摆出各种问题，并引导对方去作较为全面的回答，然后，从中获得有用的信息资料。这种策略一方面可以达到尊重对方的目的，使对方感觉到自己是谈判的主角和中心；另一方面，自己又可以摸清对方底细，争得主动。

> 商务谈判策略：
> ➢ 投石问路策略
> ➢ 避免争论策略
> ➢ 情感沟通策略
> ➢ 声东击西策略
> ➢ 最后通牒策略
> ➢ 其他谈判策略

实例

当己方向对方提出要购买5000件产品时,就可以使用此策略。首先,己方可以向对方询问如果购买1000、2000、3000、4000和4500件的单价分别是多少,当对方作出回答后,己方就可以从中获取有关的信息资料,进而分析研究出对方产品的生产成本、生产能力、产品价格政策等。然后,己方就能够以较低的成本费用从对方那里获得他们所需的产品。

运用该策略时,关键在于己方应给予对方足够的时间,并设法引导对方对所提出的问题尽可能详细地正面回答。为此,己方在提问时应注意:问题简明扼要,要有针对性,尽量避免暴露提问的真实目的或意图。在一般情况下,己方可以提出以下的几个问题:

如果我们订货的数量增加或者减少?

如果我们让对方作为我们固定供应商?

如果我们有临时采购需求?

如果我们分期付款……

当然,这种策略也有不适用的情况,比如,当谈判双方出现意见分歧时,己方使用此策略则会让对方感到是故意给他出难题,这样,对方就会觉得你没有谈判诚意,谈判也许就不能成功。

2. 避免争论策略

商务管理师在开谈之前,要明确自己的谈判意图,在思想上进行必要的准备,以创造融洽、活跃的谈判气氛。然而,谈判双方为了谋求各自的利益,必然会在一些问题上发生分歧,此时,双方都要保持冷静、防止感情冲动,尽可能地避免争论。因为争论不休于事无补,而只会使事情变得更糟,最好的方法是采取下列态度进行协商。

(1) 冷静地倾听对方的意见

在谈判中,听往往比说更重要。它不仅表现了谈判者良好的素质和修养,也表现出对对方的尊重。多听少讲可以把握材料,探索并提示对方的动机,预测对方的行动意图。在倾听过程中,即使对方讲出己方不爱听或对己方不利的话,也不要立即打断对方或反驳对方。

因为真正赢得优势、取得胜利的方法绝不是争论,所以,最好的方法是让对方陈述完毕后,首先表示同意对方的意见,承认自己在某方面的疏忽,然后提出对对方的意见,进行重新讨论。这样在重新讨论问题时,双方就会心平气和地进行,从而使谈判达成双方都比较满意的结果。

> **实例**
>
> 在谈到价格时,当对方提出"你方给我们××产品的价格太高,不降价无法达成协议",这时己方最好的办法不是立刻讨价还价,而是表示歉意,可以真诚地对对方说:"我们也认为××产品的价格定得高了一些,但由于它的成本高,所以报价时只考虑了自己的生产成本和赢利指标,忽视了你们的承受能力,这是我们的疏忽。对此我们表示歉意,大家谁也不会为了亏本来谈判,因此,我们愿就价格问题专门进行磋商。"这样一来,对方就不会觉得你是为了掏他的腰包,而是真诚地为了继续合作,在重新讨论价格时,就显得十分宽容和大度。

(2) 婉转地提出不同意见

在谈判中,当你不同意对方意见时,切忌直接提出自己的否定意见。这样会使对方在心理上产生抵触情绪,反而千方百计地维护自己的观点。如果有不同意见,最好的方法是先同意对方的意见,然后再作探索性的提议。

(3) 分歧产生之后谈判无法进行,应立即休会

如果在洽谈中,某个问题成了绊脚石,使洽谈无法进行下去,双方为了捍卫自己的原则和利益,就会各持己见,互不相让,使谈判陷入僵局,避免争论的策略为那些固执己见型谈判者提供了请示上级的机会,同时,也为自己创造了养精蓄锐的机会。

谈判实践证明,避免争论策略不仅可以避免僵持局面和争论的发生,而且可以使双方保持冷静、调整情绪,平心静气地考虑对方的意见,达到顺利解决问题的目的。

3. 情感沟通策略

如果与对方直接谈判的希望不大,就应该采取情感沟通的策略。

所谓情感沟通策略，就是要先通过其他途径接近对方，彼此了解，联络感情。在沟通了感情后，再进行谈判，人都是具有感情的，满足人的情感和欲望是人的一种基本需要，因此，在谈判中利用感情因素去影响对方是一种可取的策略。

灵活运用此策略的方法很多，可以有意识地利用空闲时间，主动与谈判对手聊天、娱乐，谈论对方感兴趣的问题；也可以赠送小礼品，请客吃饭，提供交通住宿的方便；还可以通过帮助解决一些私人的问题，从而达到增进了解、联系情感、建立友谊的目的，从侧面促进了谈判顺利进行。

4. 声东击西策略

该策略是指己方为达到某种目的，有意识地将洽谈的议题引导到无关紧要的问题上故作声势，转移对方的注意力，以求实现自己的谈判目标。具体做法是在无关紧要的事情上纠缠不休，或在自己不成问题的问题上大做文章，以分散对方对自己真正要解决的问题上的注意力，从而在对方无警觉的情况下，顺利实现自己的谈判意图。例如，对方最关心的问题是交货时间，而己方最关心的问题是价格问题，这时，谈判的焦点不要直接放到价格和交货时间上，而是放在价格和运输方式上。在讨价还价时，己方可以在运输方式上让步，而作为对让步的交换条件，要求对方在交货时间上作出让步。这样，对方感到满意，己方的目的也达到了。

5. 最后通牒策略

处于被动地位的谈判者，总有希望谈判成功达成协议的心理。当谈判双方各持己见、争执不下时，处于主动地位的一方可以利用这一心理，提出解决问题的最后期限和解决条件。期限是一种时间性通牒，它可以使对方感到如不迅速作出决定，就会失去机会。因为从心理学角度讲，人们对得到的东西并不珍惜，而要失去的本来在他看来并不重要的某种东西，却一下子变得很有价值，在谈判中采用最后通牒策略就是借助人的这种心理定势来发挥作用的。

最后通牒既给对方造成压力，又给对方一定时间考虑，随着最后期限的到来，对方的焦虑会与日俱增。因为谈判不成功损失最大的还是自己,因而,最后期限的压力,迫使人们快速作出决策。一旦他们接受了这个最后期限,交易就会很快顺利地结束。

实例

1. 卖方常用的最后通牒法

卖方由经验可知,某些最后期限能够促使买方决定购买。以下的几个方法,可促使原本无心购买的买方决定购买:

7月1日价格就要上涨了。

这个大优惠只在15天内有效。

大拍卖将于6月30日截止。

存货不多,欲购从速。如果您再不惠顾,我们就要倒闭了。或者是:结束在即,大拍卖,欲购从速。

如果你不在6月1日以前给我们订单,我们将无法在6月30日前交货。

生产这批货物,整整需要8个星期时间,而且这是最后一批。

唯有立刻订货,才能确保买到你所需要的货物。

有艘货轮将在今日下午两点开船,你要不要马上购货,赶上这班船呢?

如果我们明天收不到货款,这项货物就无法为你保留了。

2. 买方常用的最后通牒法

卖方懂得用时间期限促买方。同样,买方也可用期限的力量压卖方。以下是买方用来刺激卖方完成交易的12个最后期限:

我6月30日以后就没钱购买了。

在明天以前,我需要知道一个确定的价格。

我要在星期三以前完成订货。

如果你不同意,明天我就要找别的卖主商谈了。

我不接受6月1日以后的估价单。

请你把价格全部估出来,明天就把估价单给我。

星期五以后,我就不一定会买了。

这次交易需要经过我们老板批准,可是他明天就出国。

这是我的生产计划,假如你不能如期完成,我只好另找高明。

我们的财务年度结算在12月25日。

我从星期一起要去度假一个月。

厂务会明天就要研究这批货物问题,你究竟接不接受这个价格呢?

6. 其他谈判策略

除以上介绍的谈判策略和方法以外,在实际谈判活动中,还有许多策略可以采用,多听少讲策略、先苦后甜策略、讨价还价策略、欲擒故纵策略、以退为进策略等。

总之,只要谈判人员善于总结,善于观察,理论结合实际,就能创造出更多、更好的适合自身的谈判策略,并灵活运用它们,以指导实际谈判。

二、商务谈判的技巧

1. 入题技巧

谈判双方刚进入谈判场所时。难免会感到拘谨,尤其是谈判新手,在重要谈判中,往往会产生忐忑不安的心理。为此,必须讲求入题技巧,采用恰当的入题方法。

(1) 迂回入题

为避免谈判时单刀直入、过于暴露,影响谈判的融洽气氛,谈判时可以采用迂回入题的方法。如先从题外话入题,从介绍己方谈判人员入题,从"自谦"入题,或者从介绍本企业的生产、经营、财务状况入题等。

(2) 先谈细节、后谈原则性问题

围绕谈判的主题,先从洽谈细节问题入题,条分缕析,丝丝入扣,待各项细节问题谈妥之后,也就自然而然地达成了原则性的协议。

(3) 先谈一般原则、再谈细节

一些大型的经贸谈判,由于需要洽谈的问题千头万绪,双方高级谈判人员不应该也不可能介入全部谈判,往往要分成若干等级进行多次谈判。这就需要采取先谈原则问题,再谈细节问题的方法入题。一旦双方就原则问题达成了一致,那么洽谈细节问题也就有了依据。

（4）从具体议题入手

大型谈判总是由具体的一次次谈判组成。在具体的每一次谈判会上，双方可以首先确定本次会议的谈判议题，然后从这一议题入手进行洽谈。

2. 阐述技巧

（1）开场阐述

谈判入题后，接下来就是双方进行开场阐述，这是谈判的一个重要环节。

> **阐述技巧：**
> ➢ 开场阐述
> ➢ 让对方先谈
> ➢ 坦诚相见
> ➢ 注意正确使用语言

开场阐述的要点，具体包括：

①开宗明义，明确本次会谈所要解决的主题，以集中双方的注意力，统一双方的认识。

②表明己方通过洽谈应当得到的利益，尤其是对己方至关重要的利益。

③表明己方的基本立场，可以回顾双方以前合作的成果，说明己方有对方所享有的信誉；也可以展望或预测今后双方合作中可能出现的机遇或障碍；还可以表示己方可采取何种方式为共同获得利益作出贡献等。

④开场阐述应是原则的，而不是具体的，应尽可能简明扼要。

⑤开场阐述的目的是让对方明白己方的意图，以创造协调的洽谈气氛，因此，阐述应以诚挚和轻松的方式来表达。

对对方开场阐述的反应，具体包括：

①认真耐心地倾听对方的开场阐述，归纳弄懂对方开场阐述的内容，思考和理解对方的关键问题，以免产生误会。

②如果对方开场阐述的内容与己方意见差距较大，不要打断对方的阐述，更不要立即与对方争执，而应当先让对方说完，认同对方之后再巧妙地转开话题，从侧面进行谈判。

（2）让对方先谈

言多必失，如果己方讲得过多，往往会忽略对方的发言。以致不能了解对方的观点和意图,所以,有时候,要让对方先谈,从对方的谈话中获得一些有用的信息。

(3) 坦诚相见

谈判中应当提倡坦诚相见,不但将对方想知道的情况坦诚相告,而且可以适当透露己方的某些动机和想法。

> **提醒您**
>
> 与对方坦诚相见,难免要冒风险。对方可能利用你的坦诚逼你让步,你可能因为坦诚而处于被动地位,因此,坦诚相见是有限度的,并不是将一切和盘托出,总的来说,要以既赢得对方的信赖又不使自己陷于被动、丧失利益为度。

坦诚相见是获得对方同情的好办法,人们往往对坦诚相见有好感。

(4) 注意正确使用语言

①准确易懂。在谈判中,所使用的语言要规范、通俗,使对方容易理解,不致产生误会。

②简明扼要,具有条理性。由于人们有意识的记忆能力有限,对于大量的信息,在短时间内只能记住有限的、具有特色的内容,所以,在谈判中一定要用简明扼要而又有条理的语言来阐述自己的观点。这样,才能在洽谈中收到事半功倍的效果。反之,如果信口开河,不分主次,话讲了一大通,不仅不能使对方及时把握要领,而且还会使对方产生厌烦的感觉。

③第一次要说准。在谈判中,当对方要你提供资料时,第一次要说准确,不要模棱两可,含混不清。如果你对对方要求提供的资料不甚了解,应延迟答复,切忌脱口而出。要尽量避免使用含上下限的数值,以防止波动。

④语言富有弹性。谈判过程中使用的语言,应当丰富、灵活、富有弹性。对于不同的谈判对手,应使用不同的语言。如果对方谈吐优雅,己方用语也应十分讲究,做到出语不凡;如果对方语言朴实无华,那么己方用语也不必过多修饰。

3. 提问技巧

（1）引起对方注意的问话

谈判中的提问要引起对方的注意，受到对方的重视，然后才能得到详细的回答。什么样的提问才能产生这样的效果？

①尊重对方。谈判的双方都应当相互尊重。尊重不是虚伪，而是社会文明的表现。尊重对方的问话，能引起对方最大的注意。例如："你心直口快，热情爽朗。跟你谈生意是最痛快不过了。不知道你此次想购买哪些产品？"这样的提问容易引起对方的兴趣，对方受到尊重，因而乐于回答问题。

②引起好奇。人都有好奇的心理，这种心理推动人们主动去探索某些未知事情，把话匣子打开。所以，聪明的谈判者常用提出一些悬案的手法，引起人们的好奇，使谈判气氛活跃而热烈。例如："×先生，我公司出售的这种工艺品是一位老艺人制作的，式样美观，他的工艺不传授外人，甚至是'传子不传女'。最近我们知道了一些秘密。你要不要了解一下这种神奇的工艺？"这类问话是利用人的好奇心理，向对方介绍自己的产品，并巧妙地询问对方，对所介绍的产品有没有兴趣。

③对比类推。人们常受周围事物的影响，谈判者假若能把握这种心理因素，妥善地加以利用，一定可以收到意想不到的效果。例如："×先生，前天报纸刊登我公司为电扇厂推销产品，使该厂从困境中解脱出来的消息，你想知道我们签订合同的详情吗？"报纸消息一般在人们心目中是可靠的，借用报纸的威信，用推理的办法证明你的公司有强大的推销能力，愿意替困难的厂家解决问题。这种提问，比直接陈述更为有效。

④建议。适时地提出一些具有创造性的建议，能够引起对方谈判的兴趣。一些众所周知的旧事物和老一套的办法，不足以引起人们的注意。例如："你的橱窗摆上我公司的家具，然后在上面陈列有连带性的商品，将使整个商店门面装饰显得富丽堂皇，吸引观众，又充分利用了橱窗空间。不知道你对这种摆设有没有兴趣？"建议性的提问，最好是具有创造性的新招。这种问题能吸引对方的注意，并立即得到对方的关注，进行认真的谈判。

相关知识

谈判中提问的原则

谈判是买卖双方交换观点和条件的行为。要了解对方的想法和企图，谈判者必须十分机敏。一旦坐到谈判桌边，就要善于设置问题，借以弄清对方的要求和意见，并运用恰当的方式，陈述自己的观点和想法。可以说，谈判离不开问答，一问一答是整个谈判的基本组成部分，又是推动双方积极讨论问题的动力。

提问和回答，都要有利于谈判的进行，该问的问题没有提出来，自然有些后悔，影响合理的决断；不该问的问题提了出来，未免有些出格，破坏谈判的气氛。两者都要努力避免。

为了使提问恰如其分，遵守下列原则是很重要的：

决不提出带有敌意的问题，除非你是故意伤害或中断与对方的感情联系，才去做这种傻事。因为这类提问对谈判有百害而无一利。

不要指责对方谈判的诚意。即使你怀疑对方的诚意，也应以泰然处之为妙。指责对方，也无法使他诚实，反而使谈判陷入尴尬的境地。

不要用指示性的词句来提问。谈判中的双方都不是隶属关系，而是平等的关系，要知道谈判破裂对双方都没有好处。

不要自作聪明，提出一些无益于谈判的问题，使对方难于回答。

要耐心听完对方的讲话，不要随便打断对方的讲话。在对方讲完话或提完问题后，再提出自己的问题。

使用的词句要恰当、婉转，避免使用生硬的、有情绪的字眼。

要使谈判取得成功，就要注意掌握上述原则，以免在谈判的道路上人为地设置障碍。

（2）适当的反问

在谈判中，反问的作用有三：

①为了加重语气，引起对方密切注意。此种反问并不期望对方作出回答。

②对某个问题不太清楚，抓不住要领，要求对方加以澄清。此种提问需要对方作出说明。

③在你不能及时地回答对方的提问时，用反问的办法，要求对方再次陈述，你可以利用时间思考问题。

所以，反问在谈判中具有多种作用。

虽然如此，反问在谈判中也不能滥用，只有在适当的时机提出来才是有效的，否则将引起对方的反感。

与反问的三种作用相对应，反问的方式有如下三种：

①加重语气的问话。例如："请你想一想，假若答应你的条件，我的经理能同意这份合同吗？""你问我相不相信你所报的成本，难道你看不出我从来就不怀疑你们的诚实吗？"

②要求说明问题的反问。例如："你问我在打九折时能不能接受全部商品，这里包不包括由我们挑选的品种？"

③利用反问，争取时间考虑问题。例如："这个问题留待以后再讨论好吗？""你问我新产品价格够不够低廉，但我还没有听到关于质量的介绍，你能加以说明吗？"

（3）促进对方下决心的问话

促使对方下决心签订协议的问话，实质上是清楚地告诉对方，他的条件已经全部满足，利益也非常优厚，没有什么让步的余地，不要犹豫不决了。但是，千万要记住，使用这种问话，要选择恰当的词语，不宜用极端的用语！

例如："这个价钱再不能低了。你要不要？不要就算了！"这种强烈的问话，使对方受到了逼迫，产生心理上的反感，自然不能促使他下决心签订协议，谈判只好告吹。所以，问话宜使用委婉的字眼，保留对方选择的余地。尊重他的权利，这样做将有更多的机会达成协议。例如："在这些条件下达成交易，对你是绝对有利的，你还看不出来吗？""这是我们过去交易的记录。这些资料是不是能说明我们已经为你提供一次很好的交易机会？""我们已对所有的费用进行了重新的计算，这是最后确定的价格，你认为如何？""这个商品库存已不多了！要买就要趁这个机会。产地的库存已卖完了，不知道你接到这个消息没有？""产品的规格、质量和价格都没有什么差别，不过颜色有多种多样，你是喜欢选择红的、黄的、蓝的还是别的颜色？""代运的工具已经找到，你什么时候来签约和提货？"

通过问话，清楚地告诉谈判对手，他已经获得了最满意的条件和利益，在这个基础上，若能配以委婉的解释和令人信服的材料，对于促成协议的签订，是具有一定作用的。

4. 答话技巧

谈判实际上是说服对方接受自己观点的过程。而这个过程是通过陈述问题和回答问题来实现的。要使对方信服你的回答，必须经历由不相信到相信的转变过程。这种转变要求对方抛弃某些陈旧的观念，抛弃某些他已经习惯的做法。要做到这一点，除了要有充足的说服理由之外，还需要有说服的技巧。因而答话的技巧是很重要的。答话的技巧包括：

（1）引起兴趣

答话要引起对方的兴趣，然后才能听取你的说服理由。能引起兴趣的答话很多。

> 实例
>
> "当然，你的问话是有道理的。不过，有一些资料，你可能还不晓得，我们可以给你介绍。""这个问题是可以公开谈论的，不过在这之前，请允许我先作个说明。""我们的定价是很实在的，一般都是按这个价格成交。不过，如果大量订购，则有另外的优惠。"

答话要暗示后面有许多重要问题，这就能引起对方的兴趣。

（2）随机应变

商务谈判有如外交谈判，谁能随机应变，谁就能控制谈判的整个过程，实现自己的愿望。谈判过程中双方难免发生争执，不要因为小事而陷入僵局，妨碍对方听取你的陈述。这时候就要善于转变话题，从牛角尖中拔出来。

> 实例
>
> "我们所谈的已是另外一个主题了，待会儿再回头来讨论吧。""这个

问题涉及的范围很广，分成几个问题，便于我们讨论。""这些已是过去的事了。讨论将来的事情，对我们双方都更有益。"

答话能做到随机应变，谈判才能继续进行。

5. 答复技巧

在谈判中，答复对方的提问是一个十分关键而又很不容易处理好的环节。谈判中的提问是一种追踪对方的实力、动机、意向、需求与策略，从而达到知己知彼、有的放矢、掌握主动的重要手段。因此，谈判中的答复必须讲究策略与技巧。在谈判中正确的答案未必是最好的答复，它从内容到形式的选择都不如提问那样有一定的自由度，相反，却要承担一定的风险。因此对待对方的发问，一概以"无可奉告"回答固然行不通；有问必答、和盘托出也会吃大亏。应答的技巧不在于回答的"对"与"错"，而在于应该说什么，不应该说什么。一切有经验的谈判者，应当善于根据对方的情况和谈判的目的，懂得如何为答复做准备，该不该答复，何时答复，怎样答复，答复的范围程度。

一般来说，谈判中答复的技巧有如下一些：

（1）有备而答

古人云："凡事预则立，不预则废。""以虞待不虞者胜。"谈判者对答复必须"有备"方能"无患"。在谈判前除了对谈判的中心议题、双方的矛盾焦点、己方的论据资料应力求了如指掌外，还应对对方的经营情况、贸易意图及需求、谈判成员的组成和对方有可能提出的问题及其策略作更多的了解和更透彻的分析。在谈判中，对对方提出的每个问题都必须站在谈判全局的利益高度上认真对待、冷静思考、谨慎从容地应付。要记住，对对方提的每一问题都必须想一想："他为什么问这个问题？"越是在对方催逼自己作答的情况下，越要沉着冷静、深思熟虑。你应意识到，答复前作充分的思考不仅是谈判的需要，也是你的权利。尤其是碰到对手提出一些旁敲侧击、模棱两可的问题时，更需要冷静三思，辨其意旨，权衡利弊，明智作答。切不可掉以轻心，信口而答，以免上当。

（2）局部作答

在谈判中有一种"投石问路"的策略，即借助一连串的提问来摸索、了解对方的成交意图、策略，分析对方的成本、价格等情况，以作出明智的决策与选择。在这种情况下，如果己方"和盘托出"地答复，常常会使自己陷入被动的不利局面。据此，己方可以只作局部的答复，留有余地，以使对方摸不到己方的底牌。比如对方连珠炮似的提出："假如我们增加50%的订货量，在价格上能否优惠？""假如我们与贵公司签订三年的合同，价格上能有多少折让？""假如我们减少保证金，你方有何考虑？""假如我们自己提供工具或材料呢？""假如我们采取分期付款的方式呢？"这里每一个提问都是一颗探路的"石子"，它不但会使己方穷于应付而无法主动出击，而且会让对方探测到己方的虚实。因此，己方不应有问必答，而应有选择性地回答，对其他问题则可采取装聋作哑、听而不闻、不着边际等方式搪塞过去。

（3）含糊应答

当遇到一些比较棘手的问题，一时难以作确切回答，而如果拒不回答又会影响到谈判的合作气氛时，可以运用含糊其辞的应答法，即借助一些宽泛模糊的语言，看似已作答，其实已留有余地，具有某种弹性，即使在意外情况下也无懈可击。

含糊应答的第一种方式是笼统式，通常是以大略的猜测、估计与暗示等来代替明确的特指。

实例

卖方问："请问，您对我们这次交易能否获得成功怎么看，是充满了信心吗？"买方这时出于策略的需要，答道："我想贵方应当是已经充分理解了我们在产品质量、价格上的立场，按正常的情况，我们应当是有信心的。"买方的答复似乎在最后亮出了"有信心"三个字，表明了自己的决心与诚意；但其实只包含了一个暗示性的假言判断，即：假如你方在价格、质量上按己方要求，我们就可以成交；假如你方的产品不符合要求，那就不可能成交。

含糊应答的另一种方式是抽象式。即答复时通过把话题不断抽象化，让对方乍听似乎引入了与自己所提问题关系密切而又十分重要的另一问题，而听下去才发现，其实自己已被一大堆如烟雾般的抽象术语所包围，想理也理不清，只好带着迷迷糊糊的心理停止再催问。这就有点类似美国超级市场的售货员，对付那些为了商品的质量或价格问题喋喋不休地提出疑问与抱怨的妇女的策略。顾客似乎在听售货员热情而细心的解释，可越听就越感到如坠五里雾中，再问也不知从何问起了。

含糊应答还有一种两可式。即运用一些模棱两可的语言，对对方的提问似乎有肯定因素的答复，却又仿佛有未被肯定的因素。让对方感到自己的观点已得到了某些方面、某种程度的理解，同时又感到己方并未完全同意，从而无从准确地把握己方的答案。

| 实例

比如说："你方提出的问题和要求己方是完全理解的，应予适当考虑；不过有的因素也是不能完全忽略的，比如××方面。我想只要通盘考虑是容易取得共识的。"

（4）拖延回答

在谈判中如果对方所提的问题动机不明，或己方觉得"从实招来"于己方不利，或问题很棘手，而对方又频频催问，己方不便表示拒答，则可以施行"缓兵之计"，拖延回答。

| 实例

比如可以说："很抱歉，因为没估计到贵方会提到这个问题，我们所带资料不全，待我们回去找到资料后即可答复你们。"也可以说："你所提出的问题，请允许我们向上级有关部门请示查询后再答复好吗？"还可以说："你提出了一个很重要的问题，我想你是希望我们为你作出详尽、圆满的答复，而这需要时间，请让我们充分考虑一下好吗？"

当然，实施这种拖延策略后要酌情作出两种选择：
①先延后答，即对待应答之题，我们在做好准备后感到好答时，不

妨作恰当的回答。

②延而不答，即对待经过考虑觉得没必要回答的，则来个"不了了之"，因为这类提问的用意双方心照不宣，延而不答并不是无礼的表现。

（5）答非所问

当谈判对手提出的问题己方不好回答，或作出回答会带来某些风险与不利，而对方又一再催逼己方作答。如己方拒不回答，会被指责为对成交缺少诚意；而勉强作答，说不定会落入对方陷阱。在这种情况下可采用"答非所问"的策略：即以回答问题的语气开始表述，而其实是只点了题而未表态就从原题的侧面"滑"过，谈与原题相关而实际是另一个问题的看法，从而有效地避开了对方正面的锋芒，使谈判继续进行下去；或者是在看似正面作答的语气中"偷梁换柱"，另起炉灶，谈到了某件事的细节，再反过头征求对方的看法，将"皮球"踢回给对方。

> **实例**
>
> 比如说："你提的这个问题己方也认为确实重要，我们的看法是必须切实解决，而这就涉及一个更为关键的问题，这就是……"
>
> 又比如说："刚才你提到的问题很值得讨论。比如己方就遇到过这样一件事……不知你们对此有何看法？"

（6）有偿作答

当对方在谈判中运用投石问路策略时，高明的谈判者决不会轻易地就范，而会沉着冷静，因势利导，根据对方的提问反过头试探对方。这种答复策略既有助于反过头来试探对方的虚实，又有助于增进谈判双方的合作气氛和促成拍板成交；还有助于抑制对方投石问路策略的实施。

> **实例**
>
> 对方问："如果己方增加一倍的订货量，你方能给予多少个百分点的优惠？"卖方可以回答说："如果我告诉您，可以给予一定的优惠，咱们就签订成交合同，怎么样？"

又如买方问卖方:"如果我们要求按己方设计的规格生产,那么价格是否可以维持不变?"卖方答道:"我们这种规格的产品在市场上适应面广,销量很大,供不应求。如果要重新按贵方的设计规格来生产,那么将意味着很多工序都要作出新的调整,这就势必加大成本,而且要求你们的订货量起码要达到 5 万个,价格要提高 4 个百分点,请问这对贵方是否可行呢?"

(7) 反客为主

当对方提出试探性的问题,试图摸索己方的底细时,己方为了不露底牌,想抑制对方的发问,甚至为了反过头来探明对方的虚实,找出和扫除成交的障碍,可以在接过问题后通过抓住关键的问题向对方反问,以反客为主,掌握主动。

实例

一个买主在审阅了卖方的报价单后说:"我看了你们的报价,在研究成交细节前,你能否更完整地解释一下,价格上涨了 50%,是用什么方法计算出来的?"这是一个很难应付的试探,答不好,可能为买方压价提供了许多的攻击点,而这正是买方提问的动机所在。因此,卖方可以回答说:"物价上涨与成本提高的关系是不言而喻的。当然,如果你对这个提价的幅度感到不满意的话,我很乐意就你觉得不妥的某些具体问题予以澄清,请问什么方面使你觉得不妥?"

(8) 沉默反观

对于一些明显不值得回答或不便回答的问题,如果不回答对方也不会受指责的话,完全可以不予理会。当然,不要只是简单地沉默不语,可以"顾左右而言他"或辅以某些相应的肢体语言,如微笑的中断、皱眉头、做出以手按眉毛下部等表示体况不佳的动作、双手在胸前交叉、目光旁视等动作,向对方发出所提问题无法回答的信息。

此外,拒答式的沉默还会给对方造成一种压力,迫使对方说出本来不想透露的情报。

实例

在一次谈判中，卖方向买方提问："你能在本月底以前决定成交吗？"买主沉默。卖方又问："本月底以前，你如果订一大笔货的话，我可以保证向你提供一定的优惠，有兴趣吗？"买方若有所思，但仍缄默不语。卖方沉不住气了，说："我们公司计划在近期内大幅度地涨价，如果你过了这个月底不成交，就恕我爱莫能助了。"这样，买者一言未答，一举未动，便获得了宝贵的信息，做成了一大笔好生意。

6. 说服对手的技巧

（1）用共同利益说服对手

在买卖双方各有自己利益的前提下，谈判双方意见相左，互相猜疑，影响谈判和达成协议，这是常见的事。要使谈判获得成功，就要说服对方，或者是你赞成我的意见，或者是我赞成你的观点。签订协议是无法在各持己见、僵持不下的局面中实现的。然而在利益冲突的事实面前，说服工作乃是一件艰苦的差事。要把这件工作做好，其要领如下：

当谈判一方怀疑自己受到不公正的待遇，或者自己的利益受到损害的时候，千万别去攻击对方的立场。因为维护自己企业的利益乃是谈判代表的职责，无可厚非。重要的是用共同利益说服对方，使对方明白，谈判成功并不是一方获得利益，另外一方受到损害，而是双方共同得到利益；反之，谈判假若失败，则双方的利益都会受到损害。

找到共同的利益所在，说服工作也就找到了根据。

（2）用谦虚态度听取反对意见

每次谈判都有令人满意和不满意的因素，双方总会有一些需要克服的反对意见。这就要用正当的理由，说服对方，谈判才会取得成功。

应对反对意见，并最后说服对方同意你的观点，这是谈判中一场极端艰苦的事情。这里要把两种情况区别开，采取不同的方法。

①假若对方的意见是针对你的产品或服务的缺点，这就不要多解释，要倾听这些意见，表示你了解他们所说的内容，并切实地改进这些缺点。用虚心听取意见的办法，是无声的说服力量，使对方最终同意你的观点，并在合同上签字。

②假若是利益协调的问题，在虚心听取意见之后，可以收集更多的直观资料，让对方充分了解实际情况。用资料去说服对方，比千言万语更有力量。

> **提醒您**
>
> 听取反对意见，不是无原则的迁就，而是表现出改进工作的诚意，反映不断提高工作水平的要求。

（3）说服技巧的使用

谈判中常有许多容易说服对方达成协议的因素，也有一些难于说服的因素，影响谈判的成功。所以要使用说服技巧，帮助谈判者取得成功。主要做法如下：

①在谈判开始之时，首先选择容易统一观点的问题进行谈判，达成协议。然后再讨论容易引起争论的问题，便于用前者作例，说服对方。

②如果有两个信息传给对方，应该先传递能引起对方好奇心和兴趣的信息，这个信息不能带有威胁性，否则对方就不能接受了。

③伺机传递信息给对方，影响对方的观点，进而影响谈判的结果。

④若能巧妙地把已解决和未解决的问题放在一起讨论，较有希望说服对方，达成协议。

⑤强调彼此处境相同，比强调彼此处境相异，更能说服对方，消除意见分歧。

⑥说明一个问题的两面，比仅仅说出一面，更能说服对方。

⑦探索对方的期望，并把己方的期望传递过去，就有希望使认识一致。

⑧重复地说明一个消息，让对方完整而深入地了解，容易为对方所接受。

在谈判中经常出现各种不同的甚至对立的观点，说服对方，实质上是使他赞成你的观点。如果把这项工作做好了，谈判就容易取得成功。

7. 让步技巧

实例

一家公司的主管与工会针对薪资进行谈判。工会要求加薪4%，但是公司只肯加薪1%，双方多次谈判都僵持不下。后来公司的主管考虑到，谈判已经损耗了许多时间和精力，因此决定再上谈判桌时，要将加薪幅度提高到2.5%，也就是双方要求的中间点，如此一来谈判应该能够顺利落幕。

结果这次谈判时，主管一上谈判桌就释出善意，诚实告诉工会代表，公司愿意加码以结束纷争，最大的极限是3%。然而，工会代表却还是没有接受，他们觉得，如果公司一开始就愿意提高那么多，继续谈下去应该能够要求到更多。由于工会的期望最后提高到不合实际的程度，谈判终以破裂收场。

哈佛商学院教授马尔霍查（Deepak Malhotra），在谈判期刊 *Negotiation* 上以这个例子说明，谈判时让步往往是必要的，但是很多人却没有谨慎让步，以致得不到对方的善意响应。

马尔霍查指出，谈判时要愿意让步，才能获得对方让步，但是让步时需要注意四个技巧，才能达到效果。

（1）凸显让步

不要假设行为自会证明一切，就算你让步了，对方可能没有注意到，或者故意忽略。让对方知道你牺牲了什么，这样的让步才会有让步的效果。例如在上述例子中，公司主管应该向工会代表解释，加薪

> **让步时需注意技巧：**
> ➢ 凸显让步
> ➢ 要求对方对等回报
> ➢ 有条件的让步
> ➢ 分期付款式的让步

3%对公司的利润将造成重大影响，而且主管会受到董事会的责备。

（2）要求对方对等回报

即使对方了解你的让步，也不见得会作出让步。因此，在凸显了你的让步之后，直接明确要求对方回报。指明希望对方让步的内容很重要，因为只有你知道你想要什么。如果没有明说，对方让步的项目会是他以为你想要的，或者他最容易放弃的。

（3）有条件的让步

当双方的互信度低，或者只是一次性谈判，不需要顾及长久关系时，可以善用有条件的让步。也就是表明，如果对方作出某个让步，你

也会作出某个让步。这种让步的风险低，你会先得到想要的，才需要放弃。

（4）分期付款式的让步

一个人走在路上捡到两千元，与一个人走在路上捡到一千元，走着走着又捡到一千元相比，后者的情况更令人高兴，虽然金额同样是两千元，但是却有中奖两次的加倍快乐感受。

同样的道理，将让步分段释出，也会让对方更高兴。前述例子中，公司主管应该先把薪水从1%加到2%，再从2%加到3%，而不是一开始就丢出3%。此外，分段让步还有其他的优点，例如，大多数的谈判者都会预期，谈判需要来来回回讨价还价，无论你是多么大方，当你一次给完时，对方都会觉得你应该还没有给出底线。

8. 迅速达成协议的技巧

谈判的双方，都希望能够迅速地达成协议。那么如何使用谈判技巧去解决这个问题呢？

迅速达成协议要把握下列要点：协议要包括对方的目的，并为对方所接受。一个协议的签订，不仅包含一方所要达到的目的，而且要包含对方需要达到的目的。

（1）从对方的立场去考虑他们的利益

迅速达成协议的第一个障碍，是把对方谈判的目的看成是"他们企业的事"，因而置对方的要求和利益于不顾。此种观点最容易妨碍达成协议。如果希望迅速达成协议，就要抛开单方面考虑自己利益的狭隘思想，从对方的立场去考虑他们的利益，提出足以令对方心动和满意的方案，使他们容易进行抉择，谈判就能够迅速成功。

（2）协助谈判对手获得签订协议的新理由

购销业务的最高决策虽然是由企业的高层领导决定，但直接坐到谈判桌边却是谈判的代表——供销员，而不是某个经理或董事长，或者是所有的企业职工。因此，要设法使谈判代表找到迅速签订协议的理由。这个理由不是一般性的，应该是能够支持迅速达成协议的新理由。当谈判代表感觉到已经掌握了足够的新理由去说服企业的经理和董事长的时候，他就愿意在协议上迅速签字。

足以使谈判代表获得新理由的内容极其广泛，包括各种各样的信息、新的理论、新的政策法令和规定、新的管理办法、新的营业方式等。谈判一方的任务是为对方找到新理由，首先使他信服，并加强他说服的分量，使他转而去说服他人。

（3）从对方熟悉的、已有经验的问题开始

人们对自己熟悉和已有的经验往往十分重视，并经常用它来做参照的标准。在谈判当中，一旦遇到他熟悉的条款，便能根据过去的经验迅速作出决定。因此，在谈判之前，尽可能了解谈判对手过去的谈判经历、决定问题的习惯、爱好、对问题的理解能力等，自然是很必要的。从最容易解决的条款入手，有助于增加谈判的信心，有助于解决更复杂、更棘手的问题。

（4）不要留出更多的谈判空间

谈判时要注意成效，务必把注意力放在具有决定性的内容上，无须留下过多讨价还价的余地。例如，一匹能跳过高栅栏的马，就不要再加高栅栏，不要待到跳不过去时再把它降下来。如果你的产品定价 10 元，已经得到满意的利润，就不要开价 14 元，待到买方还价 8 元，然后再去请他"再往前走一步"，以 10 元的价格成交，这种做法并不是聪明的。制定协议条款不要太苛刻，努力作出实质性的决定，减少讨价还价所浪费的时间和精力。

（5）多拟订几个协议方案

在谈判中多拟订几个不同目标的方案，几种不同的执行办法。这不仅是科学决策的要求，而且也是迅速达成协议的需要。有了这些方案，就可以将其分为"主要达成"和"次要达成"两种。当前者很难达成协议，可以选考虑较少的、程度较浅的次要协议。次要协议的解决，将有助于主要协议的解决。

协议难于达成时，不仅可以考虑改变协议的强度，甚至可以改变协议的范围。此外，在谈判过程中，根据实际情况及时地拟订另外的方案，并非为时过晚，这种情况应该视为正常现象，有利于协议迅速签订。

探究·思考

1. 报价时应遵循哪些原则?
2. 商务谈判的策略有哪些?
3. 商务谈判的技巧有哪些?
4. 让步时需要注意哪些技巧,才能达到效果?

第五章
商务专题活动

本章学习重点：
- 掌握商务公关活动的基本要求、操作程序、方法及注意事项
- 掌握商务庆典与礼仪的程序、操作步骤、要点及注意事项

主题词： 商务公关活动　商务庆典　商务礼仪

第一节　商务公关专题活动

商务公关专题活动是为了引起公众关注而有效协调公共关系，由企业针对特定公众，围绕特定主题而有计划进行的各种特殊公共关系活动。商务公关专题活动的作用是能引起社会的广泛注意，吸引公众的兴趣和参与，使公众对企业形成深刻的印象，有宣传企业、争取公众和消费者的作用。

一、商务公关专题活动的概念

商务公关专题活动是由企业策划实施的、在日常事务之外为实现某个特定目标而组织的各种各样的活动。商务公关专题活动的范围很广，主要包括纪念庆典活动、开放参观活动、展览活动、记者招待会、各种赞助和公益活动等。不管企业是为了树立形象，还是为了促进营销，商务公关专题活动都离不开信息传播。这些活动通过不断增进和公众之间面对面的交往，或者加强组织与某一部分公众的联系，或者促进公众对某一部分、某一个侧面的了解，从而使专题活动的参与者在特定的气氛中更加真切地感受到企业的特点，加深对企业的印象。

二、商务公关活动的基本要求

商务公关专题活动需要专题策划，专题策划是否成功并富有特色，直接决定着专题活动的效果。无论策划何种形式的专题活动，都必须符合以下基本要求：

1. **明确活动主题**

商务公关专题活动首先要有一个鲜明的、可以引发公众关注和兴趣的主题。这个主题同时应当是商务公共关系目标实现的内容，并体现商务组织的文化和基本理念。

2. 确定公众对象

商务公关专题活动面对的是特定的公众对象，准确地确定公众对象可以减少工作的盲目性，使企业经营组织的活动更有针对性，从而降低活动成本，提高活动效果。公众对象的确定包括公众类别选择、代表成分选择、数量及范围选择、规模的确定等内容，同时要进行调查研究，了解公众的背景、兴趣、爱好、性格、知识水准等因素并进行分析，以取得事半功倍的效果。

3. 确定活动日期

在具体日期的确定上，组织者应当综合考虑，尽早确定，以便有足够的时间进行筹划安排。

商务公关专题活动日期的选择要注意避开社会政治经济的主要活动，也要避开企业经营组织本身日常性的重要活动。前者大量占用社会媒体资源，使专题活动的传播效果不佳；后者则占用企业经营组织内部资源，同样影响活动效果。同时，日期的选择还要考虑季节等因素对公众的影响。这些都需要综合考虑。

4. 确定活动总协调人

商务公关专题活动要有一位统筹全局，善于指挥、协调、监控各个方面活动进程的总协调人，这是确保活动有序、统一、高效的组织保障。由他来负责商务公关专题活动的组织计划准备，制定活动日程，指挥每一项准备活动的具体完成，监控活动的进程。

5. 制定活动日程安排

确定了公关专题活动的目标、公众对象和具体日期以后，组织者就要开始着手制定公关专题活动的日程安排表。组织者要将整个活动进行分解，把每一项活动具体落实到每个人并明确完成的时间。日程安排要留有余地，要准备多套方案以应付突发情况。

6. 制定活动经费预算

商务公关专题活动的经费预算分为两个方面：一是整个专题活动总的预算，二是将经费分摊到每一个具体项目上。总经费预算的制定要根据公关专题活动规模、公众人数、性质、项目难易程度等因素综合考虑。经费分摊则是建立在对活动进行分解的基础上，把整个活动分解为一个个项目，便于对项目的完成情况进行监控，也便于对经费的使用进行监控。

7. 确定场所设施

根据公关专题活动的不同，场所设施有所不同，大致包括室外场地、会议室、休息室、客房、餐厅、登记报到处等。应当根据活动规模事先确定，提前做好预订工作。具体确定场所设施时，组织者必须考虑公众对象情况，考虑交通状况、公众分布、季节气候、活动类别、活动经费以及可行性等诸多因素，要亲自到预选场所考察其设施、服务能否满足活动的需要。同时，应当准备两套以上方案以应付突发事件。

8. 确定主发言人

商务公关专题活动都有主发言人，一般是企业的领导人或者是政府官员、社会知名人士等。企业领导人对商务公关专题活动持支持态度，要提前通知，必要时代拟发言稿。政府官员、社会知名人士等则需要事先预约，根据其本人活动多少，时间上一定要早安排。

> **提醒您**
>
> 预约主发言人，要向他们说明活动的主题、内容、日期、发言的时间、地点、内容，以及活动的流程安排、行车路线、有无接送、是否录音、录像和报酬情况等。组织者还应了解发言人个人简况、发言的主要内容、联系方法，活动前要拿到发言稿并进行审核。

9. 邀请活动客人

根据主题和目标确定公关专题活动的公众对象和主发言人之后，就要具体确定活动参加者，并发出邀请。可分为两种情况：

第一，确定的客人。对于确定的客人，应在一周前发出邀请函或电话、传真，重大活动或路途较远的则需要再提前一些时间发出。

第二，不确定的社会成员。对于不确定的社会成员，主要通过大众传播媒介进行宣传，发出邀请。选择大众传媒时，需要考虑媒体规律和听众群。

10. 组织媒体宣传

商务公关专题活动一旦确定下来，就要提前一两个月通过媒体进行宣传活动。媒体可分为大众传媒、组织自控媒体和企业经营组织的人员媒体三种，在此主要谈谈前两种：

第一，利用大众传媒进行宣传，可以通过熟悉的媒体记者发布消息，可以举办招待会向记者说明活动的安排，也可以刊登广告或撰写文章向公众告示、通报活动内容及筹备进展情况，其中关键在于吸引媒体的注意力。

第二，组织自控媒体主要是各种宣传资料、活动程序安排、各种图文资料、发言稿，以及各种请柬、邀请函、证件、新闻宣传通稿等，这些工作要提前做好安排。

11. 任务分配及其他

除了以上10项基本工作外，一个周密的商务公关专题活动计划，还应以书面形式进行规定，包括工作人员责任范围、任务内容，以做到分工明确、各司其职、各负其责，安排好活动的交通及停车场秩序。

远道而来的客人或重要客人需专车迎送的，应规定时间、人员和地点进行接送。

一般公众应指示路线，设置导向标志。

自己带车的客人则要事先安排好停车场并指定专人维持秩序。

接待工作应设置专门小组，负责欢迎、签到、分发日程表及活动资料。

活动若涉及参观，应事先制订参观方案，包括路线选择、安全问题、标记、导引等。

活动的纪念品准备要富有特色，这样一方面可使客人留下美好的记忆，另一方面也可产生二次宣传效应。

三、商务赞助活动

赞助通常是指某一单位或某一个人拿出自己的钱财、物品，来对其他单位或个人进行帮助和支持。

对于企业而言，积极地、力所能及地参与赞助活动，本身就是进行商务活动的一种常规的形式，而且也是自己协调本单位与政府、社会各界的公共关系的一种重要的手段。所以，赞助一向颇受企业的重视。

在赞助活动正式实施之际，往往需要正式举行一次聚会，将有关的事宜公告于社会。这种以赞助为主题的赞助会，在赞助活动中，尤其是大型的赞助中，大都必不可少。有时，人们也称之为赞助仪式。

相关知识

赞助活动的类型

企业通常所积极赞助的项目，大致有以下几类：

1. 赞助体育运动

这是企业赞助活动最常见的一种形式。体育运动是公众影响面最大、投入感最强的一项活动。特别是像奥运会和世界足球锦标赛之类的大型体育比赛，涉及的公众可达数亿人。因此，许多企业争先恐后地赞助这些体育活动，以扩大自身的社会影响力。

2. 赞助文化事业

赞助文化事业如音乐会、演唱会、文艺演出晚会等，也能够有效地吸引公众的注意力，提高组织的知名度。

3. 赞助科学教育事业

如设立某项培养和奖励专门人才的奖学金基金，或直接赞助某项科研项目和学科建设，也开始成为企业赞助活动的热点。

4. 赞助社会慈善和福利事业

如对残疾人士的社会救济、对重大自然灾害的救灾活动、对孤寡老人的援助、对社区公益福利事业的捐赠等，这类表达企业同情心的活动，一般都能唤起公众对企业的好感。

5. 赞助地方性的节日活动

赞助各种具有地方色彩的节日活动，如洛阳市的牡丹节、哈尔滨市的冰雪节、潍坊市的风筝节、深圳市的荔枝节、安徽省的豆腐节、广东省的龙舟节、云南省西双版纳的泼水节、海南省的椰子节等，通

过赞助这些特色性节日来扩大企业的影响。6. 赞助大型展览

各种博览会、专题性展览会、交易会等,也是赞助的目标之一,能够比较有针对性地影响部分目标公众。

7. 赞助出版物

赞助有影响的出版物,如图书或杂志的出版,是一种广告形式。

8. 赞助专业团体

通过赞助某类专业协会、学会等社团组织的活动,一方面扶持其发展,另一方面增强对该专业领域的影响。

9. 赞助特殊领域

建立基金组织,专门支持某一特殊领域,如保护文化古迹和文化遗产;或设立专业奖项,如最佳摄影奖、新闻奖、设计奖等。

10. 赞助环保事业

这是国际公关事业关注的热点,每年均投入大量资源来宣传环境保护。

1. 赞助活动的举办方

根据商务礼仪的规范,赞助会通常应由受赞助者出面承办,而由赞助单位给予其适当的支持。

2. 赞助会的举行地点

赞助会的举行地点,一般可选择受赞助者所在单位的会议厅,也可由其出面,租用社会上的会议厅。用以举行赞助会的会议厅,除了其面积的大小必须与出席者的人数成比例之外,还需打扫干净,并且略加装饰。

举行赞助会的会议厅之内,灯光应当亮度适宜。在主席台的正上方,或是面对会议厅正门之处的墙壁上,还需悬挂一条大红横幅,上面应以金色或黑色的楷书书写着"××单位赞助××项目大会",或者"××赞助仪式"的字样。前一种写法,意在突出赞助单位;后一种写法,则主要是为了强调接受赞助的具体项目。

一般来说,赞助会的会场不宜布置得美轮美奂、过度豪华张扬。否

则，极有可能使赞助单位产生不满，因为它由此可能产生受赞助单位不务正业、华而不实的感觉。

3. 参加赞助会的人员

参加赞助会的人士，既要有充分的代表性，又不必在数量上过多。除了赞助单位、受赞助者双方的主要负责人及员工代表之外，赞助会应当重点邀请政府代表、社区代表、群众代表以及新闻界人士参加。在邀请新闻界人士时，特别要注意邀请那些在全国或当地具有较大影响力的电视、报纸、广播等媒体人员与会。

所有参与赞助会的各界人士，在与会时皆须身着正装，修饰仪表，并且检点个人的举止动作。赞助会的整体风格是庄严而神圣的，因此任何与会者都不能与之唱反调。

4. 赞助会会议过程

依照常规，一次赞助会的全部时间，不应当长于 1 个小时。因此赞助会的具体会议过程，必须既周密，又紧凑。赞助会的具体会议过程，大致分为以下六个步骤：

> 赞助会会议过程：
> - 宣布赞助会正式开始
> - 奏国歌
> - 赞助单位正式实施赞助
> - 赞助单位代表发言
> - 受赞助单位代表发言
> - 来宾代表发言

（1）宣布赞助会正式开始

赞助会的主持人，一般应由受赞助单位的负责人或公关人员担任。在宣布正式开会前，主持人应恭请全体与会者各就各位，保持肃静，并且邀请贵宾到主席台上就座。

（2）奏国歌

此前，全体与会者应一致起立。在奏国歌之后，还可奏本单位标志性歌曲。有时，奏国歌、奏本单位标志性歌曲，可改为唱国歌、唱本单位标志性歌曲。

（3）赞助单位正式实施赞助

其具体做法通常是赞助单位的代表首先出场，口头上宣布其赞助的具体方式或具体数额。随后，受赞助单位的代表上场，双方热情握手。

接下来，由赞助单位的代表正式将标有一定金额的巨型支票或实物清单双手捧交给受赞助单位的代表。必要时，礼仪小姐应为双方提供帮助，若赞助的物资重量、体积不大，也可由双方在此刻当面交接。在此过程之中，全体与会者应热情鼓掌。

（4）赞助单位代表发言

其发言内容，重在阐述赞助的目的与动机。与此同时，还可以对本单位的情况略作介绍。

（5）受赞助单位代表发言

此刻的发言者，一般应为受赞助单位的主要负责人或主要受赞助者。其发言内容的中心，应当集中在对赞助单位的感谢方面。

（6）来宾代表发言

根据惯例，可邀请政府有关部门的负责人讲话。他的讲话，主要是肯定赞助单位的义举，同时也可呼吁全社会积极倡导这种互助友爱的美德。该项议程，有时也可略去。至此，赞助会即可宣告结束。

> **提醒您**
>
> 在赞助会正式结束后，赞助单位、受赞助单位双方的主要代表以及会议的主要来宾，通常应当合影留念。此后，宾主双方可稍事会晤，然后来宾即应一一告辞。在一般情况下，在赞助会结束后，东道主大都不为来宾安排膳食。如确有必要，则略备便餐，但不宜设宴待客。

在极个别的情况下，赞助会也可由赞助单位操办。由赞助单位所操作的赞助会，其会务工作与以上所述基本相仿。

四、新闻发布会

新闻发布会是在应用频率比较高的一种方式，无论是公司成立新部门、发布新战略，还是公司推出新产品、签约新项目、开通新产品线等重大事件或者其他类型的信息发布，都必须有一个正式或非正式的途径通知新闻媒体，发布会便成了一个常见的、甚至必不可少的手段。

新闻发布会的操作技巧有：

1. 新闻发布会的标题选择

新闻发布会一般针对于企业意义重大、媒体感兴趣的事件举办。每个新闻发布会都会有一个名字，这个名字会印在关于新闻发布会的一切表现形式上，包括请柬、会议资料、会场布置、纪念品等。在选择新闻发布会的标题时，一般需要注意以下几点：

第一，避免使用新闻发布会的字样。我国对新闻发布会是有严格申报、审批程序的，对企业而言，并没有必要如此繁琐，所以直接把发布会的名字定义为"××信息发布会"或"××媒体沟通会"即可。

第二，最好在发布会的标题中说明发布会的主旨内容。如："××企业2011年新品发布信息发布会"。

第三，通常情况下，需要列出会议举办的时间、地点和主办单位。这个可以在发布会主标题下以字号稍小的方式出现。

2. 新闻发布会的时间选择

新闻发布的时间通常也是决定新闻何时播出或刊出的时间。

（1）避免节假日

因为多数平面媒体刊出新闻的时间是在获得信息的第二天，因此要把发布会的时间尽可能安排在周一、周二、周三的下午为宜，会议时间保证在1小时左右，这样可以相对保证发布会的现场效果和会后见报效果。

（2）发布会应该尽量不选择在上午较早或晚上

部分主办者出于礼貌的考虑，有的希望可以与记者在发布会后共进午餐或晚餐，这并不可取。如果不是历时较长的邀请记者进行体验式的新闻发布会，一般不需要做类似的安排。

有一些以晚宴酒会形式举行的重大事件发布，也会邀请记者出席。但应把新闻发布的内容安排在最初的阶段，至少保证记者的采访工作可以比较早地结束，确保媒体次日发稿。

（3）避开重大的政治或社会活动

在时间选择上还要避开重要的政治事件和社会事件，媒体对这些事件的大篇幅报道，会冲淡企业新闻发布会的传播效果。

3. 新闻发布会的地点安排

场地可以选择户外（便于摄影记者拍照），也可以选择在室内。根据发布会规模的大小，室内发布会可以直接安排在企业的办公场所或者选择酒店，重要的发布会宜选择五星级或四星级酒店。

> **提醒您**
>
> 酒店有不同的风格，不同的定位，选择酒店的风格要注意与发布会的内容相统一，还要考虑地点的交通便利与易于寻找，包括离主要媒体、重要人物的远近。

发布方在寻找新闻发布会的场所时，还必须考虑以下的问题：

第一，会议厅容纳人数的多少。

第二，背景布置。主题背景板，内容含主题、会议日期，有的会写上召开城市、颜色、字体注意美观大方，颜色可以企业 VI 为基准。

第三，酒店外围布置，如酒店外横幅、竖幅、飘空气球、拱形门等。需要明确酒店是否允许布置、当地市容主管部门是否有限制规定等。

4. 新闻发布会的席位摆放

发布会一般是主席台加下面的课桌式摆放。注意确定主席台人员。需摆放席卡，以方便记者记录发言人姓名。摆放原则是"职位高者靠前靠中，自己人靠边靠后"。

现在很多会议采用主席台只有主持人位和发言席，贵宾坐于下面第一排的方式。一些非正式、讨论性质的会议是圆桌摆放式。

摆放"回"字形会议桌的发布会现在也出现得较多，发言人坐在中间，两侧及对面拜访新闻记者坐席，这样便于沟通，同时也有利于摄影记者拍照。

> **提醒您**
>
> 注意席位的预留，一般在后面会准备一些无桌子的坐席。

5. 发布会其他道具安排

最主要的道具是麦克风和音响设备。一些需要做计算机展示的内容还包括投影仪、计算机、联线、上网连接设备、投影幕布等，相关设备在发布会前要反复调试，保证不出故障。

6. 迎宾安排

一般在大堂、电梯口、转弯处有导引指示欢迎牌，一般酒店有这项服务。事先可请好礼仪小姐迎宾。如果是在企业内部安排发布会，也要酌情安排人员做记者引导工作。在发布会门口需安排签到台和签到簿。一般会议会要求与会者留下名片，需准备好"请赐名片"盒。

7. 新闻发布会的资料准备

提供给媒体的资料，一般以广告手提袋或文件袋的形式，整理妥当，按顺序摆放，在新闻发布会前发放给新闻媒体，顺序依次应为：

第一，会议议程。

第二，新闻通稿。

第三，演讲发言稿。

第四，发言人的背景资料介绍（应包括头衔、主要经历、取得成就等）。

第五，公司宣传册。

第六，产品说明资料（如果是关于新产品的新闻发布）。

第七，有关图片。

第八，纪念品（或纪念品领用券）。

第九，企业新闻负责人名片（便于新闻发布后进一步采访、新闻发表后寄达联络）。

第十，空白信笺、笔（方便记者记录）。

8. 发布会发言人和主持人的确定

新闻发布会也是公司要员同媒介打交道的一次很好的机会，值得珍惜。代表公司形象的新闻发言人和主持人对公众认知会产生重大影响。如其表现不佳，公司形象无疑也会大打折扣。

第一，新闻发布会的主持人大都由主办单位的公关部部长、办公室主任或秘书长担任。

第二，发言人通常由本单位的领导人担任。因为领导人对本单位的方针、政策及各方面情况比较了解，由他们回答记者提问更具有权威性。

第三，主持人应该是仪表堂堂、反应灵敏、语言流畅、善于把握大局、长于引导提问、对主持会议具有丰富经验的人。

第四，对发言人的基本要求还包括思想修养好、学识渊博、思维敏捷、能言善辩等。

9. 发言人回答记者问的准备

在新闻发布会上，通常在发言人进行发言以后，有一个回答记者提问的环节，可以充分通过双方的沟通，增强记者对整个新闻事件的理解以及对背景资料的掌握。有准备、亲和力强的领导接受媒体专访，可使发布会所发布的新闻素材得到进一步的升华。

在答记者问时，一般由一位主答人负责回答，必要时，如涉及专业性强的问题，由他人辅助。发布会前主办方要准备记者答问备忘提纲，并事先取得一致意见，尤其是主答和辅助答问者要取得共识。

在发布会的过程中，对于记者的提问应该认真作答，对于无关或过长的提问则可以委婉礼貌地制止，对于涉及企业秘密的问题，有的可以直接、礼貌地告诉他是企业机密，一般来说，记者也可以理解，有的则可以委婉作答。不宜采取"无可奉告"的方式。对于复杂而需要大量解释的问题，可以先简单答出要点，邀请其在会后探讨。

10. 新闻发布会对记者的邀请

一般企业应该邀请与自己联系比较紧密的商业领域记者参加，必要时如事件现场气氛热烈，应关照平面媒体记者与摄影记者一起前往。

邀请的时间一般以提前3~5天为宜，发布会前一天可做适当的提醒。联系比较多的媒体记者可以采取直接电话邀请的方式。相对不是很熟悉的媒体或发布内容比较严肃、庄重时可以采取书面邀请函的方式。

> **提醒您**
>
> 无论企业与某些报社的记者多么熟悉，在新闻发布会之前，重大的新闻内容都不可以透露出去。如果事先就透露出去，用记者的话说就是"新闻资源已被破坏"，记者看到别的报纸已经报道出来了，写新闻的热情会大大减弱，甚至不想再发布。

在邀请记者的过程中必须注意，一定要邀请新闻记者，而不能邀请媒体的广告业务部门人员。有时，媒体广告人员希望借助发布会的时机进行业务联系，并作出也可帮助发稿的承诺，此时必须进行回绝。

五、开放参观活动

日本松下电器公司的创始人松下幸之助曾说："让人参观工厂是推销产品的最好最快的方法之一。"对外开放参观活动，有助于增加本组织的透明度和提高认知度，以争取公众的理解和支持；有助于消除人们对本组织的某些不解和疑虑，改善社区关系。因此，举办对外开放参观活动是一种特殊的"组织公开展览活动"，是增进与公众之间的联系和了解的手段之一。

实例

某地一家板鸭店，过去在加工场门口曾挂着一块牌子："工场重地，谢绝参观。"购买板鸭的人想从门缝中看看加工过程，也被工作人员劝走。后来，该店接受一位公关专家的建议，将加工场门口的那块牌子改写成"加工熟食，欢迎参观"。购买熟食的顾客可以进去参观加工工场，不仅能看到盐水鸭、板鸭等熟食的制作过程，还可获得商店赠给的一张购物优惠券。许多人参观后兴致勃勃地选购了熟食。该店生意于是由淡转旺，销售量日趋上升。

1. **开放参观的类型**

(1) 专题性参观和常规性参观

专题性参观是有特定的目的、围绕一个专门确定的主题而进行的参观。

> **实例**
>
> 上海电视台为了使本台员工家属支持和协助员工工作,曾组织过一次本台员工家属参观电视台的活动,让他们知道自己的亲人所从事的工作多么崇高、多么重要,使他们为自己的亲人感到骄傲。参观产生了很好的效果,家属大多能体谅亲人,毫无怨言地主动承担家务,支持亲人的工作。

常规性参观一般没有特定的主题,是组织常规工作的一项内容。如每逢工厂周年纪念日、传统节日或每月一次的定期开放参观等。

(2) 特殊参观和一般参观

①特殊参观,就是对特定公众对象开放的参观,如上级部门领导人的视察参观、组织学生来单位参观等。

②一般参观,就是对公众对象不加限制的参观。一般参观要事先通过海报或其他传播手段广泛宣传开放参观的目的、时间、参观须知等,争取尽可能多的参观者。

2. **对外开放参观的组织**

(1) 确定主题

任何一次开放参观,都应确定一个明确的主题,是围绕生产设备和工艺流程,还是厂区环境、企业娱乐、福利、卫生等设施,以便确定活动内容。

(2) 选择开放时机

举办开放参观活动最好配合一些特殊的日子,如周年纪念日、开业庆典、社区节日等。

对外开放参观的组织:
➢ 确定主题
➢ 选择开放时机
➢ 明确邀请对象
➢ 安排参观路线
➢ 做好宣传工作
➢ 搞好接待工作

（3）明确邀请对象

在一周前发出请柬，编制来宾名册，落实出席的重要嘉宾名单。

（4）安排参观线路

要提前划分好参观线路，制作向导图及标志。避免参观者因超越限定的范围而出现事故或麻烦，并注意必要的保密和安全工作。

（5）做好宣传工作

对外开放参观的内容，要根据主题要求，力求实事求是，可以分为现场观摩、介绍、实物展览等。介绍和实物展览可采取放电影、录像或幻灯进行介绍，以帮助参观者了解主要概况；现场观摩则以目击为主，并作必要的介绍和解释，并应准备一份简单的说明书，发给参观者。

（6）搞好接待工作

应有专门的接待人员负责登记、讲解、向导工作。安排合适的休息场所和茶水饮食，赠送有意义的纪念品。参观结束时应感谢来宾光临，并竭诚征求大家的意见，以不断完善工作。

3．参观的程序

参观前分发说明书等，有条件的可放映介绍单位情况的幻灯片、录像或电影，帮助观众了解单位的概况。

引导陪同参观者沿预定路线参观，并作必要的介绍、解说、回答提问，参观人数多时可分成若干小组，也可让参观者自行参观，只在主要的场所让讲解员讲解。

对于时间较长的参观，中间要安排适当的休息。

参观结束后，可由单位负责人与参观者座谈，介绍本单位的方针、政策，并准备留言簿，方便参观者提出宝贵意见，以便改进工作。为了加深印象、增进友谊，有条件的还可分发纪念品。

适当安排一些文娱、体育活动，使参观活动生动活泼，减轻参观者的疲劳。

第二节 商务典礼与仪式

典礼与仪式，是商务组织自身重大事件的仪式活动和自身所处社会环境中相关的节日庆典和大事庆典活动的总称，是商务组织经常开展的专题公关活动之一。由于此项活动的特殊性和隆重性，可以使组织利用举办此项活动的契机广交朋友，提高组织的知名度和美誉度。商务管理师是这类活动的组织者，应当研究和掌握组织这类活动的规律。

一、典礼与仪式的类别

典礼与仪式的类别很多，常见的有开业（工）典礼、落成典礼、周年庆典、剪彩仪式、交接仪式、签字仪式、发奖仪式、开幕式和闭幕式等。

典礼与仪式活动由于其不同于组织平常活动的特殊性和隆重性，一般能引起社会公众较多的关注，因此它是扩大组织社会影响力的极好机会。商务管理师应抓住这个有利时机，借助喜庆的热烈气氛来渲染组织形象，从而收到意想不到的公关效果。

二、典礼与仪式的一般程序

在企业举行盛大的庆典活动或仪式时，商务管理师应该是幕后的主持者，许多事情要由其周密策划，以使活动圆满成功。

1. 确定活动主题

明确典礼与仪式活动的主题，围绕主题来安排活动内容。每次典礼与仪式活动都有名目，即举行典礼与仪式的事由。但这只是形式主题，商务管理师应根据组织和公众的需要进行精心设计，还可以在形式主题下巧妙地再插进另一个主题来衬托。在确定真正的主题后，再围绕主题来安排穿插有关活动的内容和活动的形式。

2. 拟订典礼与仪式的程序

典礼与仪式活动一般都比较盛大，工作任务繁重，需要组织内部有关人员密切配合，共同完成。要做到有条不紊，忙而不乱，就要确定典礼与仪式活动的程序，并按照典礼与仪式规格确定司仪人员，按照有关活动内容将任务具体落实到人；要有专人负责，对负责签到、接待、摄影、录像、音响、现场布置等工作的人员要讲清活动内容、礼节、纪律等要求，在典礼与仪式活动前要仔细检查有关设备和材料。

3. 拟订出席典礼与仪式的主宾名单

宾客名单不仅要考虑党政部门负责人、本社区的头面人物、各界社会名流、新闻记者、协作单位代表，还应包括一些公众代表和员工代表。拟订名单后，应至少提前一周将请柬送达出席人员手中，请柬应写明活动名称、内容、方式、时间和地点。

4. 组织接待小组

接待小组负责引导与招待来宾，安排专门的接待室，备有茶水、饮料、水果等。

5. 做好重要客人的安排

确定主席台或坐（站）在第一排的宾客，并有明显醒目的标志牌。站立的典礼与仪式，要在主要宾客站立的地方应铺上地毯，以示庄严。应安排礼仪人员在活动开始前5分钟引导宾客进入预定区域。主席台座位顺序以正中间为大，分左右两边依此类推，左大右小。对一般宾客也应热情周到地安排座次。

6. 确定致贺词的宾客名单

参与致贺词的宾客要有一定的代表性，或者有一定的社会地位。

7. 为演讲者备好讲稿

正式典礼仪式的场合要提前把讲稿印发给相关人员。要求宾客致词时，应提前通知他们，以便充分准备，并在活动开始前逐一落实。

8. 安排制造气氛和促进理解的活动

制造气氛的活动主要是指为了活跃典礼与仪式主题活动气氛而安排

的一些辅助活动，如敲锣打鼓、挥舞彩旗、燃放鞭炮、舞狮、合唱歌曲、呼喊口号等，这类活动还包括典礼与仪式结束后的歌舞演出、电影晚会等。

促进理解的活动主要是配合典礼与仪式主题活动而安排的辅助活动，如典礼与仪式结束后的茶话会、就餐会、酒会、恳谈会、参观、游览等。

9. 接待好新闻记者

要安排专人接待新闻记者，为他们提供方便。大型的庆典活动最好设立新闻中心。

10. 安排好工作人员与服务人员

应事先确定接待、燃放鞭炮、摄影、录像、播音等有关的工作人员与服务人员，这些人员要在庆典活动开始前和庆典活动过程中的指定岗位上各司其职。

三、商务庆典

庆典，是各种庆祝仪式的统称。在商务活动中，商务管理师参加庆祝仪式的机会是很多的，既有可能奉命为本单位组织一次庆祝仪式，也有可能应邀去出席外单位的庆祝仪式。

1. 庆典活动的类别

就内容而论，在商界所举行的庆祝仪式大致可以分为四类：

第一，本单位成立周年庆典。通常，它都是逢五、逢十进行的。即在本单位成立五周年、十周年以及它们的倍数时进行。

第二，本单位荣获某项荣誉的庆典。当单位本身荣获了某项荣誉称号、单位的"拳头产品"在国内外重大展评中获奖之后，这类庆典基本上均会举行。

第三，本单位取得重大业绩的庆典。例如千日无生产事故、生产某种产品的数量突破 10 万台、经销某种商品的销售额达到 1 亿元等，这些来之不易的成绩，往往都是要庆祝的。

第四，本单位取得显著发展的庆典。当本单位建立集团、确定新的合作伙伴、兼并其他单位、分公司或连锁店不断发展时,自然都值得庆祝一番。

就形式而论,商界各单位所举行的各类庆祝仪式,都有一个最大的特色,那就是要务实而不务虚。若能由此而增强本单位全体员工的凝聚力与荣誉感,并且使社会各界对本单位重新认识、刮目相看,那么大张旗鼓地举行庆典,多进行一些人、财、物的投入,任何理智、精明的商家,都会对此在所不惜。

2. 组织筹备庆典

组织筹备一次庆典,如同进行生产和销售一样,先要对它作出一个总体的计划。商务管理师如果受命完成这一任务,需要记住两大要点:

其一,要体现出庆典的特色。

其二,要安排好庆典的具体内容。

> **提醒您**
>
> 庆典既然是庆祝活动的一种形式,那么它就应当以庆祝为中心,把每一项具体活动都尽可能组织热烈、欢快而隆重。不论是举行庆典的具体场合、庆典进行过程中的某个具体场面,还是全体出席者的情绪、表现,都要体现出红火、热闹、欢愉、喜悦的气氛。唯有如此,庆典的宗旨塑造本单位的形象,显示本单位的实力,扩大本单位的影响,才能够真正地得以贯彻落实。

庆典所具有的热烈、欢快、隆重的特色,应当在其具体内容的安排上,得到全面的体现。筹备庆典的主要工作有:

(1)拟订出席典礼宾客的名单

为把典礼办得隆重、热烈、欢快,根据本组织的经济能力和场地条件,应精心确定来宾的名单。一般邀请的宾客包括地方领导、上级主管部门与地方职能管理部门的领导、合作单位与同行单位的领导、社会名流、媒介公众等。同时,邀请宾客的请柬应在典礼前一星期发出,并进行电话落实。对于特别重要的宾客,要派专人正式邀请。

(2）拟订典礼程序

一般为：签到、宣布庆典开始、宣布来宾名单、致贺词、致答谢词、揭幕、娱乐节目等。

(3）确定主要关键人员

一同揭幕的人士除主办方负责人外，还有上级领导或社会名流等。在首要宾客中确定致贺词的来宾，并为本企业的负责人拟写答谢词。

(4）安排好接待工作

最重要的是明确分工，一般首要宾客由组织领导负责接待，普通来宾由礼仪人员接待即可。并派专人负责签到、题词、音响、摄影、录像、保卫等有关工作，务求密切配合，各尽其责，以保证典礼圆满成功。

(5）做好场地布置工作

典礼的现场，一般设在企业门口，来宾一律站立。现场布置以喜庆、热烈为主调，在场地四周悬挂横幅、公关广告语、气球、彩带，并在会场两边摆放来宾赠送的花篮、牌匾、纪念物品。

(6）做好礼品馈赠工作

赠予来宾的礼品，一方面，应具有宣传性，即礼品可选用本单位的产品，也可在礼品及外包装印上本单位的企业标志、公关广告语、开业日期等。另一方面，应具有独特性，向来宾赠送的礼品除了应具有本组织的鲜明特色之外，还应具有纪念价值，精巧别致，力求使人爱不释手，难以忘怀。

(7）安排好娱乐节目

除了在庆典过程中安排舞狮耍龙或乐队伴奏外，在揭幕完毕后，可安排歌舞表演、鞭炮礼花，还可组织来宾参观本组织的设施、陈列等，增加宣传本组织传播信息的机会。

3. 参加典礼

仪容整洁。无论是主办方还是宾客，都应作适当修饰。女士宜化淡妆，男士应梳理好头发，刮净胡须。

服饰规范。男士应穿深色西装或中山装，女士应穿深色西装套裙或套装。

遵守时间。作为主办方,其开业典礼应准时开始、准时结束。作为宾客应准时参加,如有特殊情况不能到场,应尽早通知主办方,说明理由并表达歉意。

态度友好。主办方见到来宾要主动热情地问好,对来宾提出的问题应予以友善的答复。当来宾发表贺词后,应主动鼓掌表示感谢,不能起哄、鼓倒掌,更不能随意打断来宾的讲话。

行为自律。主办方人员不得嬉笑打闹,不得做与典礼无关的事,不要东张西望,表现出心不在焉的样子。

精选贺礼。宾客参加开业典礼最好向主办方送贺礼。贺礼可以选择花篮、镜匾、楹联等,以表示对开业方的祝贺,并在贺礼上写明庆贺对象、庆贺缘由、贺词及祝贺单位。

广交朋友。宾客到场后应礼貌地与周围的人打招呼,可通过自我介绍、他人介绍等方式结识更多的朋友。

积极支持。如鼓掌、合影、跟随参观、写留言等。

礼貌告辞。典礼结束后应和主办人握手告别,并致谢意。

四、签字仪式

签字仪式,简称签字,通常是指订立合同、协议、条约的各方在合同、协议、条约正式签署时所举行的正规签署仪式。举行签字仪式,不仅是对谈判成果的一种公开化、固定化、系统化、文字化,而且也是有关各方对自己履行合同、协议、条约所作出的一种正式承诺。它标志着有关各方取得了相互关系,有了更大的进展,以及消除了彼此之间的误会或抵触而达成了一致性见解的重大的成果。因此,它受到了各方人士的高度重视。

对于商务管理师来说,在签字仪式这种重大场合,不仅要做好自己所负责的具体工作,更要知礼守礼,特别要注意以下三个主要方面的内容:

1. 准备工作

签字仪式是一种很正规的活动,因此对于其准备工作,决不能掉以轻心。一般来说，在举行签字仪式之前，应当竭力做好以下几个方面的工作：

(1) 布置好签字厅

签字厅既有常设专用的，也有用会议厅、会客室来临时代替的。但不管怎样，为了体现出签字仪式对于协议双方的重要性，在布置会场时都要注意把握这样一个总体原则，即要表现出庄重、整洁、清静的氛围。

签字仪式的准备工作：
➢ 布置好签字厅
➢ 预备好待签文本
➢ 规范服饰

一间标准的签字厅，首先不可忽视的就是地毯，柔软的地毯可以减轻脚步声，从而有助于缓解与会代表们内心的紧张情绪，地毯应该铺满整个房间。另外，除了必要的签字使用的桌椅外，其他一切的陈设都不需要。正规的签字桌应为长桌，可供签字各方同时使用，以体现协约各方的平等地位，其上最好铺设深绿色的台呢，显得庄重、大方。

按照签字礼仪的规范，签字桌应当横放于室内。在其后，可摆放适量的座椅。签署双边性合同时，可放置两把座椅，供签字人就座。签署多边性合同时，可以仅放一把座椅，供各方签字人签字时轮流就座，也可以为每位签字人各提供一把座椅。签字人在就座时，一般应当面对正门。

在签字桌上，循例应当事先安放好待签的合同、协议或者条约文本以及签字笔、吸墨器等签字时所必需的文具。必须对签字笔进行事前的检查试用，千万不能出现临时流水不畅的尴尬局面。一般选用的是黑色签字笔。

与外方人士签署合同、协议或者条约时，还应注意在签字桌上插放有关各方的国旗。插放国旗时，在其位置与顺序上，必须按照礼宾序列而行。例如，签署双边性涉外合同、协议或者条约时，有关各方的国旗须插放在该方签字人座椅的正前方。

(2) 预备好待签文本

依照接待礼仪的规则，在正式签署文件之前，应当由举行签字仪式的主办方负责准备待签合同、协议或者条约的正式文本。

签署有关涉外的文件时，按照国际惯例，待签的文本还应该同时使用有关各方法定的官方语言，或者使用国际上通行的英文、法文。此外，也可同时并用有关各方法定的官方语言与英文或法文。使用外文撰写文件时，应反复推敲，字斟句酌，不要望文生义或不解其意而乱用词汇，以免出现不同语言文本表述的差异，或是某一语言文本内容的缺失或增加。

待签的合同、协议或者条约的正式文本，应该以精美的白纸印制而成，按大八开的规格装订成册，并以高档质料，比如真皮、金属、软木等，来作为其封面。

（3）规范服饰

按照规定，签字人、助签人以及随员，在出席签字仪式时，一定要简约、庄重，千万不可"摩登前卫"或者是标新立异。一般而言，应当穿着具有礼服性质的深色西装套装、中山装套装或西装套裙，并且配以白色衬衫与深色皮鞋，男士还必须系上单色领带，以示正规。

在签字仪式上露面的礼仪人员、接待人员，可以穿工作制服，或是旗袍一类的礼仪性服装。

在参加签字仪式之前，应当认真修饰个人仪表，尤其要选择合适的发型。女性避免佩戴过多的首饰，应以淡妆示人，表现出落落大方的气质。

2．位次排列

签字仪式时座次的排列方式，能直接体现出签字各方的礼遇问题，不可有怠慢之嫌，应突出签约各方的平等地位。

签字时各方代表的座次，是由主方代为先期排定的。一般而言，举行签字仪式时，座次排列共有三种基本形式，它们分别适用于不同的具体情况。

（1）并列式

并列式排座，是举行双边签字仪式时最常见的形式。它的基本做法是：签字桌在室内居中面门横放。双方出席仪式的全体人员在签字桌后并排排列，双方签字人员居中面门而坐，客方居右，主方居左（见图1）。

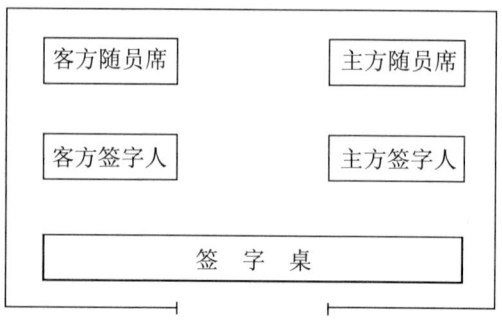

图1 并列式签字排位

（2）相对式

相对式签字仪式的排座，与并列式签字仪式的排座基本相同。两者之间的主要差别，只是相对式排座将双方的随员席移至签字人的对面（见图2）。即签字桌在室内居中面门横放。双方签字人员居内面门而坐，客方居右，主方居左。双方出席仪式的全体人员则在签字桌前并排排列。

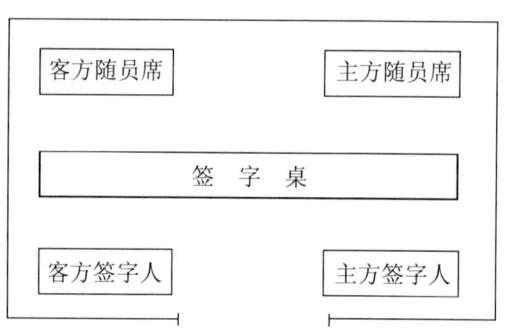

图2 相对式签字排位

（3）主席式

主席式排座，主要适用于多边签字仪式。其操作特点是：签字桌仍须在室内横放，签字席仍须设在桌后面对正门的位置，但只设一个，并且不固定其就座者。举行仪式时，所有各方人员，包括签字人在内，皆应背对正门、面向签字席就座。签字时，各方签字人应以规定的先后顺序依次走上签字席就座签字，然后即应退回原处就座（见图3）。

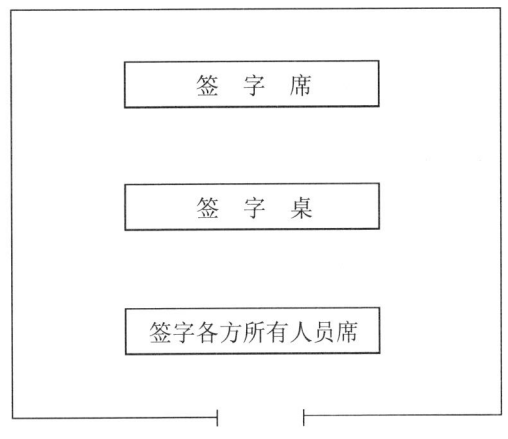

图 3 主席式签字排位

3. 签字仪式的基本程序

签字仪式的时间不应太长,但其程序必须十分规范、庄重而又热烈。签字仪式的正式程序一共分为四项。当接待人员在具体操作签字仪式时,可以依据下述基本程序进行运作。

(1) 宣布开始

签字仪式的第一步是宣布签字仪式正式开始。此时,有关各方人员应先后步入签字厅,在各自既定的位置上正式就位。

(2) 签署文件

签字仪式的第二步是签字人正式签署合同、协议或条约的文本。通常的做法,是首先签署应由己方所保存的文本,然后再签署应由他方所保存的文本。

依照礼仪规范,每一位签字人在己方所保留的文本上签字时,按惯例应当名列首位。因此,每一位签字人均须首先签署将由己方所保存的文本,然后再交由他方签字人签署。此种做法,通常称为"轮换制"。它的含义是:在文本签名的具体排列顺序上,应轮流使有关各方均有机会居于首位一次,以显示机会均等,各方完全平等。

(3) 交换文本

签字仪式的第三步是签字人正式交换已经有关各方正式签署的合同、协议或条约文本。此时,各方签字人应该起立并诚挚地握手,互致祝贺，并相互交换方才用过的签字笔，以示纪念。全场人员应热烈鼓掌，以表示祝贺之意。

（4）饮酒庆贺

签字仪式的最后一步是饮酒互相道贺。所饮用的酒水应为香槟酒，由主办方开启香槟，有关各方人员一般应在交换文本后当场饮上一杯香槟酒，并与其他方面的人士一一干杯。这是国际上所通行的增加签字仪式喜庆色彩的一种常规性做法。

五、剪彩仪式

为了庆贺成立、开业，大型建筑物落成，道路、桥梁首次通车，大型展销会、博览会开幕等活动，往往会安排剪彩仪式。剪彩仪式只是个庆祝活动，最终的目的是为了树立良好的形象，引起社会各界的关注。

相关知识

剪彩的来源

20世纪初，在美国的一个乡间小镇上，有家商店的店主慧眼独具，从一次偶然发生的事故中得到启迪，以它为模式开一代风气之先，为商家创立了一种崭新的庆贺仪式——剪彩仪式。

事情的原委是这样的：当时，这家商店即将开业，店主为了阻止闻讯之后蜂拥而至的顾客在正式营业前耐不住性子，争先恐后地闯入店内，将用以优惠顾客的便宜货争购一空，而使守时而来的人们得不到公平的待遇，便随便找来一条布带子拴在门框上。谁曾料到这项临时性的措施竟然更加激起了挤在店门之外的人们的好奇心，促使他们更想早一点进入店内，对行将出售的商品先睹为快。

事也凑巧，正当店门之外的人们的好奇心上升到极点，显得有些迫不及待的时候，店主的小女儿牵着一条小狗突然从店里跑了出来，那条"不谙世事"的可爱的小狗若无其事地将拴在店门上的布带子碰落在地。店外不明真相的人们误以为这是该店为了开张所搞的"新把戏"，于是立即一拥而入，大肆抢购。让店主转忧为喜的是，他的这家小店在开业之日的生意居然红火得令人难以设想。

向来有些迷信的他便追根溯源地对此进行了一番"反思",最后他认定,自己的好运气全是由那条被小女儿的小狗碰落在地的布带子所带来的。因此,此后在他旗下的几家"连锁店"陆续开业时,他便如法炮制。久而久之,他的小女儿和小狗无意之中的"发明创造",经过他和后人不断地"提炼升华",逐渐成为一整套的仪式。它先是在全美,后是在全世界广为流传开来。在流传的过程中,它自己也被人们赋予了一个极其响亮的大名——剪彩。

1. 剪彩的筹备工作

(1) 一般性准备

如同开业典礼的准备工作一样,剪彩典礼也需要做好舆论宣传、发送请柬、场地布置、灯光与音响的准备等工作。

(2) 用具准备

①彩带。剪彩仪式中万众瞩目的"焦点",不容有丝毫的马虎。它应是一整匹未使用过的,在中间扎上几朵大而醒目的花球的红色绸缎。随着节约意识的不断增强,很多彩带已经开始使用长约2米的红缎带、布条或纸制品作为变通。

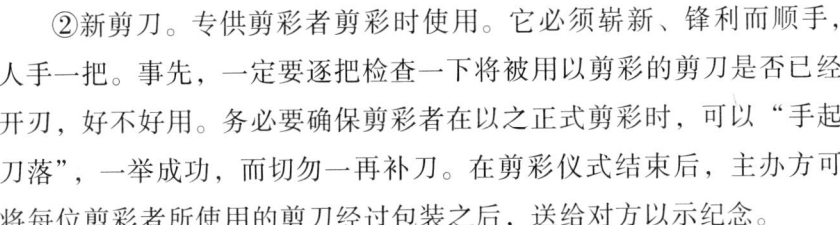

剪彩用具准备:
➢ 彩带
➢ 新剪刀
➢ 托盘
➢ 红色地毯
➢ 白色薄纱手套

②新剪刀。专供剪彩者剪彩时使用。它必须崭新、锋利而顺手,人手一把。事先,一定要逐把检查一下将被用以剪彩的剪刀是否已经开刃,好不好用。务必要确保剪彩者在以之正式剪彩时,可以"手起刀落",一举成功,而切勿一再补刀。在剪彩仪式结束后,主办方可将每位剪彩者所使用的剪刀经过包装之后,送给对方以示纪念。

③托盘。它用来盛放剪刀、手套,最好是崭新、洁净的。为了显示正规,通常首选不锈钢制品。使用时,可以铺上红色绒布或绸布。

④红色地毯。它主要铺设在剪彩者正式剪彩时的站立之处，其长度可视剪彩者人数的多少而定，宽度则不应在1米以下。当然，很多时候也可不铺设地毯。

⑤白色薄纱手套。它是供剪彩者剪彩时戴的，以示郑重。但一般情况下，无此必要。

2. 剪彩的人员的选择与培训

除主持人之外，剪彩的人员主要是由剪彩者与助剪者所构成的。在剪彩仪式上担任剪彩者，是一种很高的荣誉。剪彩仪式档次的高低，往往同剪彩者的身份密切相关。

（1）剪彩者

剪彩者，即在剪彩仪式上持剪刀剪彩之人。根据惯例，剪彩者可以是一个人，也可以是几个人。通常，剪彩者多由上级领导、合作伙伴、社会名流、员工代表或客户代表所担任。

> **提醒您**
>
> 在一般情况下，确定剪彩者时，必须尊重对方个人意见，切勿勉强对方。需要由数人同时担任剪彩者时，应分别告知每位剪彩者届时将与何人同担此任。这样做，是对剪彩者的一种尊重。

按照常规，剪彩者应着套装、套裙或制服，将头发梳理整齐。不允许戴帽子、戴墨镜，也不允许其穿着便装。

若剪彩者仅为1人，则其剪彩时居中而立即可。若剪彩者不止1人时，则其同时上场剪彩时位次的尊卑就必须予以重视。一般的规矩是：中间高于两侧，右侧高于左侧，距离中间站立者越远位次便越低，即主剪者应居于中央的位置。需要说明的是，之所以规定剪彩者的位次"右侧高于左侧"，主要因为这是一项国际惯例，剪彩仪式理当遵守。其实，若剪彩仪式并无外宾参加时，执行我国"左侧高于右侧"的传统做法，也无不可。

（2）助剪者

助剪者，指的是剪彩者剪彩的一系列过程中从旁为其提供帮助的人员。一般而言,助剪者多由东道主一方的女职员担任。现在,人们对她们的常规称呼是礼仪小姐。具体而言,在剪彩仪式上服务的礼仪小姐,又可以分为迎宾者、引导者、服务者、托盘者。

迎宾者的任务,是在活动现场负责迎来送往。

引导者的任务,是在进行剪彩时负责带领剪彩者登台或退场。

服务者的任务,是为来宾尤其是剪彩者提供饮料,安排休息之处。托盘者的任务,则是为剪彩者提供剪刀、手套等剪彩用品(现在流行钛金花架,可省去托盘者)。

托盘者可以为1人,也可以为每位剪彩者各配1人。

礼仪小姐的基本条件是:相貌较好、身材颀长、年轻健康、气质高雅、音色甜美、反应敏捷、机智灵活、善于交际。礼仪小姐的最佳装束应为:化淡妆,盘起头发,穿款式、面料、色彩统一的单色旗袍,配肉色连裤丝袜、黑色高跟皮鞋。除戒指、耳环或耳钉外,不佩戴其他任何首饰。有时,礼仪小姐身穿深色或单色的套裙也可。但是,她们的穿着打扮必须尽可能地整齐划一。必要时,可向外单位临时聘请礼仪小姐。

3. 确定剪彩的程序

在正常情况下,剪彩仪式应在行将启用的建筑、工程或者展销会、博览会的现场举行。正门外的广场、正门内的大厅,都是可予优先考虑的。活动现场可略作装饰。在剪彩之处悬挂写有剪彩仪式的具体名称的大型横幅,更是必不可少的。

一般来说,剪彩仪式宜紧凑,忌拖沓,在所耗时间上越短越好。短则一刻钟即可,长则至多不宜超过1个小时。所以,宜预先制定好剪彩程序:

(1)来宾就座

①剪彩者应就座于前排。

②主剪者居于中间,距主剪者越远,位次越低。

③右侧位次高于左侧。

(2)宣布开始

①主持人宣布剪彩仪式开始。

②全场起立,奏乐(国歌或其他乐曲)。

③主持人介绍到场的重要嘉宾,并对他们表示谢意。

(3) 致辞

①致辞者依次为东道主单位的代表、上级主管部门的代表、合作单位的代表等。

②致辞内容要言简意赅,并富有鼓动性。

(4) 进行剪彩

①主持人宣布进行剪彩。

②礼仪小姐率先登场,有的拉直彩带,有的站在彩带后1米左右举好托盘。

③剪彩者上台。

④进行剪彩。

⑤全体人员热烈鼓掌。

⑥必要时还可奏乐或燃放鞭炮。

(5) 剪彩后的活动

剪彩后,主人应陪同来宾参观,还可向来宾赠送纪念性礼品,或设宴款待来客。

探究·思考

1. 赞助会的具体会议过程,大致分为哪几步?
2. 新闻发布会的操作技巧有哪些?
3. 在举行签字仪式之前,应当做好哪些方面的工作?
4. 筹备庆典的主要工作有哪些?

附　录

总自检

一、选择题

1. 作为商务管理师，所提供的文档必须（　　）。
   A. 规范　　　B. 一致　　　C. 完备
   D. 及时　　　E. 保密
2. 在称呼礼仪中，（　　）是一种最常见的称呼。
   A. 职务性称呼　　　　　B. 职称性称呼
   C. 行业性称呼　　　　　D. 性别性称呼
3. 对名片的要求有（　　）。
   A. 规格　　　B. 材料　　　C. 色彩
   D. 图案　　　E. 字体
4. 代接电话时应注意（　　）。
   A. 以礼相待　　　　　　B. 尊重隐私
   C. 记忆准确　　　　　　D. 传达及时
5. 在宴请的类型中，（　　）是国际交往中常用的非正式宴请形式。
   A. 宴会　　　B. 招待会　　　C. 茶会　　　D. 工作餐
6. 主持人在主持庄严隆重的会议，步速每秒约（　　）步。
   A. 1~2　　　B. 2　　　C. 2~2.5　　　D. 3
7. 处理报价与还价之间的巨大差距的方法为（　　）。
   A. 由己方报价取代对方不实际的报价
   B. 对对方的报价附加条件进行限制
   C. 建议对方放弃此问题上的报价，改由在其他问题上报价
   D. 对"漫天要价"，己方"就地还价"
8. 在谈判中，借助人的心理定势来发挥作用的是（　　）策略。

A. 投石问路 B. 情感沟通
C. 声东击西 D. 最后通牒

9. 在商界所举行的庆祝仪式大致有（   ）。
   A. 本单位成立周年庆典
   B. 本单位荣获某项荣誉的庆典
   C. 本单位取得重大业绩的庆典
   D. 本单位取得显著发展的庆典

二、判断题

1. 为宾主充当介绍人时，一般是，先将客人介绍给主人；先把年长的介绍给年轻的；先把女士介绍给男士。（   ）
2. 打电话时，嘴与话筒之间应保持5厘米左右的距离。（   ）
3. 在发传真时，不但要在传真上注有单位名称，最好还留有查询电话。（   ）
4. 招待会是一种简便的招待形式，一般在16：00左右举行。（   ）
5. 朝鲜文化中，不管是伤心、高兴、生气、迷惑或对人表示歉意时，都会以笑表示。（   ）
6. 在谈判中，互惠的让步方式应遵循步步为营的原则。（   ）
7. 在说服对手的技巧中，听取反对意见，就是无原则的迁就。（   ）
8. 无论一个企业与某些报社的记者多么熟悉，在新闻发布会之前，重大的新闻内容都不可透露出去。（   ）
9. 在交付邮寄的国际信封上，有关收信者的内容，应写在信封正面左上方。（   ）
10. 在宴请外商时要注意对方的禁忌，如避开13号和星期五；在伊斯兰的斋月，宴请宜在日落后举行。（   ）

三、简答题

1. 遇到哪些情况，不需要把自己的名片递给对方，或与对方交换？
2. 给外宾送礼要遵循哪些原则？
3. 在海外参展时，应切记哪几点？
4. 在合同文本中要特别注意防止出现哪些毛病？
5. 谈判中答复的技巧有哪些？

四、案例分析

1. 日本钢铁和煤炭资源短缺，渴望购买煤和铁。澳大利亚生产煤和铁，并且在国际贸易中不愁找不到买主。按理来说，日本的谈判者应该到澳大利亚去谈生意，但日本人总是想尽办法把澳大利亚人请到日本去谈生意。

澳大利亚人一般都比较谨慎，讲究礼仪，而不会过分侵犯东道主的权益。澳大利亚人到了日本，使日本和澳大利亚方面在谈判桌上的相互地位就发生了显著的变化。

澳大利亚人过惯了富裕的舒适生活，他们的谈判代表到了日本之后不几天，就急于回到故乡别墅的游泳池、海滨和妻儿身旁去，在谈判桌上常常表现出急躁的情绪；而作为东道主的日本谈判代表则不慌不忙地讨价还价，他们掌握了谈判桌上的主动权。结果日本方面仅仅花费了少量款待费作"鱼饵"，就钓到了"大鱼"，取得了大量谈判桌上难以获得的东西。

请分析以上实例。

2. 一家公司的主管与工会针对薪资进行谈判。工会要求加薪4%，但是公司只肯加薪1%，双方多次谈判都僵持不下。后来公司的主管考虑到，谈判已经耗损许多时间精力，因此决定再上谈判桌时，要将加薪幅度提高到2.5%，也就是双方要求的中间点，如此一来谈判应该能够顺利落幕。

结果这次谈判时，主管一上谈判桌就释出善意，诚实告诉工会代表，公司愿意加码以结束纷争，最大的极限是3%。然而，工会代表却还是没有接受，他们觉得，如果公司一开始就愿意提高那么多，继续谈下去应该能够要求到更多。由于工会的期望最后提高到不合实际的程度，谈判终以破裂收场。请分析此案例。

参考答案：
一、选择题

1. ABCDE 2. A 3. ABCDE 4. ABCD 5. D 6. B 7. ABCD
8. D

9. ABD

二、判断题

1. × 2. × 3. √ 4. × 5. × 6. × 7. × 8. √ 9. ×
10. √

三、简答题

1. 遇到以下几种情况，不需要把自己的名片递给对方，或与对方交换名片：

（1）对方是陌生人而且不需要交往。

（2）不想认识对方或与对方深交。

（3）对方对自己并无兴趣。

（4）双方之间地位、身份、年龄差别悬殊。

2. 给外宾送礼要遵循以下五个原则：

（1）不送触犯外宾习俗的礼品。

（2）不送过于昂贵和过于廉价的物品。

（3）不送印有广告的物品。

（4）不送药品与补品。

（5）不送使异性产生误会的物品。

3. 在海外参展时，切记以下几点：

（1）约旦人和埃及人会在盘中剩下食物以示食品的丰盛和对主人的赞美。

（2）穆斯林和犹太人不吃某些肉类。

（3）犹太人不吃水生有壳动物。

（4）印度人不吃牛肉。

（5）穆斯林、印度人不喝含酒精的饮料。

4. 在合同文本中要特别注意防止出现以下一些毛病：

（1）协议中遗漏了某些条款。

（2）条文语义不清，可导致不同的解释。

（3）条件写得过于宽松、不严密，以致在达到要求方面有许多空子可钻。

（4）协议中有许多与协议内容无关的陈词滥调。

（5）协议中夹了许多参考性文件，而这些文件又未经事先审查。

（6）条款之间有相互抵触之处，而又没规定发生争议时应以哪一条为准。

5. 谈判中答复的技巧有：

（1）有备而答。（2）局部作答。（3）含糊应答。（4）拖延回答。（5）答非所问。（6）有偿作答。（7）反客为主。（8）沉默反观。

四、案例分析

1. 日本人在了解了澳大利亚人恋家的特点之后，宁可多花招待费用，也要把谈判争取到自己的主场进行，充分利用主场优势掌握谈判的主动权，使谈判的结果最大限度地对己方有利。

2. 通过此案例可知，让步也要有技巧：

（1）凸显让步。不要假设行为自会证明一切，就算你让步了，对方可能没有注意到，或者故意忽略。让对方知道你牺牲了什么，这样的让步才会有让步的效果。例如在上述例子中，公司主管应该向工会代表解释，加薪3%对公司的利润将造成重大影响，而且主管会受到董事会的责备。

（2）要求对方对等回报。即使对方了解你的让步，也不见得会做出让步。因此，在突显了你的让步之后，直接明确要求对方回报。指明希望对方让步的内容很重要，因为只有你知道你想要什么。如果没有明说，对方让步的项目会是他以为你想要的，或者他最容易放弃的。

（3）有条件的让步。当双方的互信度低，或者只是一次性谈判，不需要顾及长久关系时，可以善用有条件的让步。也就是表明，如果对方做出某个让步，你也会做出某个让步。这种让步的风险低，你会先得到想要的，才需要放弃。

（4）分期付款式的让步。一个人走在路上捡到两千元，与一个人走在路上捡到1000元，走着走着又捡到一千元相比，后者的情况更令人高兴，虽然金额同样是两千元，但是却有中奖两次的加倍快乐感受。

同样的道理，将让步分段释出，也会让对方更高兴。前述例子中，公司主管应该先把薪水从1%加到2%，再从2%加到3%，而不是一开始就丢出3%。此外，分段让步还有其他的优点，例如，大多数的谈判者都会预期，谈判需要来来回回讨价还价，无论你是多么大方，当你一次给完时，对方都会觉得你应该还没有给出底线。

参考文献

1. 〔美〕H. 雷法著. 谈判的艺术与科学〔M〕. 宋欣，孙小霞译. 北京：北京航空学院出版社. 1987.

2. 夏书章主编. 哈佛行政管理全集〔M〕. 北京：红旗出版社. 1998.

3. 曹浩文编著. 如何掌握商务礼仪〔M〕. 北京：北京大学出版社. 2004.

4. 南亚旭编著. 职业秘书与文员任职资格与工作绩效测评〔M〕. 广州：广东经济出版社. 2004.

5. 南亚旭编著. 职业秘书与文员自修手册〔M〕. 广州：广东经济出版社. 2004.

6. 韦克俭，宋涛主编. 商务公关与礼仪实用教程〔M〕. 北京：北京大学出版社. 2006.

7. 杨群祥主编. 商务谈判（第二版）〔M〕. 大连：东北财经大学出版社. 2006.

8. 〔美〕苏珊·弗里德曼著. 商务会议巧安排〔M〕. 史青玲译. 北京：机械工业出版社. 2006.

9. 张丽琍主编. 商务秘书实务〔M〕. 北京：中国劳动社会保障出版社. 2006.

10. 吕世平主编. 商务秘书理论与实务〔M〕. 北京：中国水利水电出版社. 2006.

11. 樊建廷主编. 商务谈判（第二版）〔M〕. 大连：东北财经大学出版社. 2007.

12. 〔美〕基蒂·O. 洛克，〔美〕唐娜·S. 金茨勒著. 商务与管理沟通〔M〕. 赵银德等译. 北京：机械工业出版社. 2008.